廿载光阴　薪火不息

——山东大学研究生支教团二十周年青春礼赞

张　熙　主编

山 东 大 学 出 版 社

图书在版编目(CIP)数据

廿载光阴　薪火不息：山东大学研究生支教团二十周年青春礼赞/张熙主编. —济南：山东大学出版社，2019.3

ISBN 978-7-5607-6329-3

Ⅰ. ①廿…　Ⅱ. 张…　Ⅲ. ①不发达地区—教育工作—山东—纪念文集　Ⅳ. ①G527.52-53

中国版本图书馆 CIP 数据核字(2019)第 077946 号

责任策划：刘　彤
责任编辑：李孝德　李艳玲
封面设计：张　荔

出版发行：山东大学出版社
社　　址　山东省济南市山大南路 20 号
邮　　编　250100
电　　话　市场部(0531)88363008
经　　销：新华书店
印　　刷：济南新科印务有限公司
规　　格：720 毫米×1000 毫米　1/16
12 印张　207 千字
版　　次：2019 年 3 月第 1 版
印　　次：2019 年 3 月第 1 次印刷
定　　价：36.00 元

《廿载光阴　薪火不息》
编　委　会

序 言

——为了二十年的纪念

山东大学研究生支教团已经走过二十年,长也不长,短也不短。二十年,对这个团队来说,仅仅是从无到有、到稳定发展的一个小阶段;但对一个人来说,二十年却是人生中漫长的一段时光。当第一届队员站在讲台上倾注自己心血的时候,将在二十年后出发的队员还只是一群牙牙学语的孩童。时光更迭,支教团见证着一代代青年的成长。奉献和服务的火炬在他们手中传递,虽然时代不同、地点不同,但他们内心充盈的青春热血却都是炽热的,“用一年不长的时间,做一件终身难忘的事”,扎根基层,挥洒汗水,积极投身于社会主义现代化建设,在暗夜里绽放光芒。

“公家设立学堂,是为天下储人才,非为诸生谋进取;诸生来堂肄业,是为国家图富强,非为一己利身家。”1998 年 7 月 6 日,共青团中央、教育部联合下发了《关于实施青年志愿者扶贫接力计划有关政策的意见》(中青联发〔1998〕28 号),号召广大青年到贫困地区支教一年,用接力的形式缓解贫困地区教育资源匮乏的问题。山东大学积极响应中央号召,于 1999 年参与了由团中央和教育部共同组织的首届青年志愿者扶贫接力计划,选派刘大诚等四名同学组成研究生支教团奔赴甘肃、青海等地开展志愿支教服务,由此拉开了山东大学研究生支教团志愿服务的帷幕。二十年过去了,山东大学研究生支教团始终坚守志愿服务的初心,以“努力让每个孩子都能享有公平而有质量的教育”为宗旨,贯彻落实团中央的各项方针政策。支教教师人数每年递增,从首届四人增长到第二十一届二十九人,规模逐渐扩大。服务地点从山西灵丘县扩展到新疆伊宁县和河南确山县,积极推动祖国边远地区教育事业的发展。

支教队伍在壮大、在变化,支教服务地点更是发生了天翻地覆的变化。最初几届支教队员在晋北的山沟里教书育人,要面对艰苦的自然环境和生活条件,他们克服艰难险阻,坚守初心,奉献在传播教育的第一线;最近的几届队员乘着国家快速发展的东风,利用现代化手段战斗在文化传播的第一线。二十年的巨变中唯一不变的是青年人扶贫攻坚、大展身手的热情与热血。

廿载光阴　薪火不息

——山东大学研究生支教团二十周年青春礼赞

习近平总书记指出，青年兴则国家兴，青年强则国家强。青年一代有理想、有本领、有担当，国家就有前途，民族就有希望。广大青年要坚定理想信念，志存高远，脚踏实地，勇做时代的弄潮儿，在实现中国梦的生动实践中放飞青春梦想，在为人民利益的不懈奋斗中书写人生华章！天地广阔当大有作为，立志支教当奉献青春力量。山东大学研究生支教团不拘泥于传统的教育教学形式，以课堂为核心，以提高学生综合素质为目的，利用山东大学雄厚的资源开创了一系列品牌活动，如“乡望课堂”“薪书计划”“心巢计划”等。这些活动内容新颖丰富，切合服务地教育教学的实际需求，实现了多样化教学。山东大学研究生支教团的年轻人不断学习，不断创新，当为志愿服务队伍中的楷模。

这是不平凡的二十年，也是曲折前进的二十年。山东大学研究生支教团用实际行动谱写了一曲曲志愿奉献之歌，留下了一个个令人感动的故事与青春的印记。它的发展进步离不开团中央、团省委以及山东大学的有力支持，更离不开历届研究生支教团的不懈努力、积极探索。值此二十周年纪念之际，我将衷心的祝福送给山东大学研究生支教团，希望成员们能够不忘初心、砥砺奋进，不断创新工作思路和方法，将山东大学研究生支教团的未来建设得更加美好。

山东大学团委书记　张　熙

2018 年 11 月

目　录

第一目　廿载芳华 …………………………………………………………… (1)

第二目　廿载纪实 ………………………………………………………… (15)

第一话|背上理想的行囊启航 ……………………………………… (17)
第二话|大山深处的先行者 ………………………………………… (22)
第三话|在探索中前行 ……………………………………………… (25)
第四话|我是老师,也是打开世界的窗口 ………………………… (27)
第五话|春风化雨,浓浓师生情 …………………………………… (30)
第六话|艰难苦困终成乐,柴米油盐塑形神 ……………………… (33)
第七话|以苦作乐,爱心远航 ……………………………………… (36)
第八话|时间的力量 ………………………………………………… (39)
第九话|最重的回忆,最好的风景 ………………………………… (42)
第十话|砥砺前行 …………………………………………………… (45)
第十一话|筑梦之旅,你我共行 …………………………………… (47)
第十二话|山大精神 ………………………………………………… (50)
第十三话|漫山萤火 ………………………………………………… (53)
第十四话|最是难忘一瞬间 ………………………………………… (56)
第十五话|从"新"出发 ……………………………………………… (59)
第十六话|有梦不觉天涯远,一言一行总关情 …………………… (62)
第十七话|忆往昔峥嵘岁月稠 ……………………………………… (64)
第十八话|为爱筑梦,文化使者 …………………………………… (67)
第十九话|脚下沾有泥土,心中沉淀真情 ………………………… (70)
第二十话|远方 ……………………………………………………… (73)

第三目　廿载足迹 …………………………………………………………（77）

第一话|薪书计划 …………………………………………………………（79）
第二话|乡望课堂 …………………………………………………………（83）
第三话|心巢计划:用爱给心一个家 ……………………………………（86）
第四话|信疆游:一张明信片的奇幻漂流 ………………………………（90）
第五话|爱的奇遇记 ………………………………………………………（93）

第四目　廿载随笔 …………………………………………………………（97）

第一话|山大校团委访山西支教地 ………………………………………（99）
第二话|惊喜与感动 ……………………………………………………（102）
第三话|这个冬天不太冷 ………………………………………………（105）
第四话|回音阵阵 ………………………………………………………（107）
第五话|一个月前的今天,我们陪他们走出了大山 ……………………（110）
第六话|春天的风景 ……………………………………………………（116）
第七话|再忆支教 ………………………………………………………（118）
第八话|忙趁东风放纸鸢 ………………………………………………（119）
第九话|忘不了的时光 …………………………………………………（121）
第十话|愿你眼中有星辰浩海 …………………………………………（124）
第十一话|支教余暇 ……………………………………………………（126）
第十二话|给学生的一封信 ……………………………………………（128）
第十三话|陪伴与感动 …………………………………………………（130）
第十四话|走一步,再走一步 ……………………………………………（132）
第十五话|在支教中遇见曾经的自己 …………………………………（134）
第十六话|十四年后的“相聚” …………………………………………（136）
第十七话|终有一别,不负相遇 …………………………………………（138）
第十八话|苔花如米小,要学牡丹开 ……………………………………（140）
第十九话|翩翩少年啊,很高兴认识你们 ………………………………（142）

第五目　廿载寄语 ………………………………………………………（145）

第一话|让青春之花绽放在祖国最需要的地方 ………………………（147）

第二话|踏遍青山人未老，风景这边独好 …………………………… (149)
第三话|情暖山区，德被教育 …………………………………………… (150)
第四话|勇做追梦人 ……………………………………………………… (151)
第五话|支教路上有你相伴 ……………………………………………… (152)
第六话|拼搏奋斗，无私无悔 …………………………………………… (153)
第七话|不忘初心，不负韶华 …………………………………………… (155)
第八话|幸福教育路上，有你同行真美 ………………………………… (157)
第九话|奋斗在三尺讲台 ………………………………………………… (161)
第十话|一书一诗度一秋，从此不言愁和忧 …………………………… (162)
第十一话|传授知识，传递梦想 ………………………………………… (163)
第十二话|践行"支教梦"，振兴"中国梦" …………………………… (164)
第十三话|教育扶贫，共赴芳华 ………………………………………… (166)

附 录 ………………………………………………………………………… (168)

山东大学研究生支教团介绍及培养方案 ……………………………… (168)
山东大学研究生支教团历届成员名单 ………………………………… (176)
在路上——第二十一届研究生支教团成员支教宣言 ………………… (178)
大事记 …………………………………………………………………… (180)

后 记 ………………………………………………………………………… (182)

第一目　廿载芳华

编者按：影像的力量是雕刻时光，它能最直观地反映历史的变迁。“廿载芳华”部分选取了山东大学历届研究生支教团的照片，包含启程、上课、生活等多方面，在记录时光痕迹的同时，反映不同的支教生活。我们希望通过影像复刻时光，唤醒内心最真切的感动，还有那些让人热泪盈眶的日子。

原山东大学校长展涛(中排左五)与山西省灵丘县上寨中学师生及山东大学第二、三、四届研究生支教团成员合影

团中央扶贫工作队、山西省灵丘县教育局相关人员与山东大学第三届研究生支教团合影

山东大学第四届研究生支教团合影

山东大学第五届研究生支教团合影

山东大学第六届研究生支教团合影

山东大学第七届研究生支教团合影

原山东大学副书记方宏建(三排左四)与第八届研究生支教团合影

山东大学第九届研究生支教团合影

原山东大学校长展涛(前排左四)与第十届研究生支教团合影

山东大学第十一届研究生支教团合影

原山东大学副书记方宏建（前排左四）与第十二届研究生支教团合影

山东大学第十二届研究生支教团在欢迎仪式上的合影

原山东大学副书记方宏建(前排左四)与第十三届研究生支教团合影

山东大学第十四届研究生支教团合影

山东大学第十五届研究生支教团合影

山东大学第十五届研究生支教团新疆队成员合影

山东大学第十六届研究生支教团合影

山东大学第十六届研究生支教团成员与学生们在一起

山东大学第十七届研究生支教团合影

山东大学第十八届研究生支教团合影

山东大学第十八届研究生支教团举行"乡望"计划开班仪式

山东大学第十九届研究生支教团合影

山东大学党委书记郭新立（左五）、常务副校长王琪珑（左一）与第十九届研究生支教团合影

山东大学第二十届研究生支教团合影

第二回　廿载纪实

编者按:“廿载纪实”部分主要是通过采访历届山东大学研究生支教团部分成员,大致按照时间线,将第一手的采访材料和历史资料融合整理而成,力求兼具纪实性与故事性。由于各种限制,我们无法采访到所有成员,但是我们依然希望读者能从中窥见属于历届山东大学研究生支教团成员的远方的青春。

第一话|背上理想的行囊启航

去那遥远的地方

怀着赤子之心
背上理想的行囊
自太行山之东启航
去那遥远的地方

格桑花开的时候
踏上雪域高原
行走在青海湖边
海子的诗里的蓝色的公主啊
仓央嘉措在此沉睡千年

二十年前的夏天,1999 年 8 月,山东大学第一届研究生支教团成员陈衍东、刘大诚、张洪良、于专妮四名同学作为开拓者和探索者,怀揣着赤诚与热忱,背上理想的行囊,踏上前往青海、河南的旅程,拉开了山东大学研究生支教团志愿服务的帷幕。

支教团成员乘坐绿皮火车,跨越了大半个中国来到海拔 2000 多米的高原。夏日即将结束,下午 5 点,阳光依旧耀眼,窗帘被掀开的那一瞬间,更是刺痛了他们疲惫浮肿的双眼。恍惚之后,眼前浮现的渐渐清晰的远山绿树和晴蓝天空,模样相似的绿皮火车载着满满的人快速驶往相反的方向。下了火车,他们又乘着大巴去下面县里的支教地。

高原的繁星与旷野

云朵在无边草原上投下阴影
羊群在明暗变幻之间移动
藏族牧民挥舞手中的吾尔多绳

牦牛眼中泛起一片晶莹
化作茶卡盐湖的纯净
穹顶之下星空澄澈
仿佛伸手便能搅碎一池繁星

日月山的河流倒淌
文成公主额间的酥油花盛开
五色经幡风中猎猎飘扬
朝圣的僧侣摇动转经筒
塔尔寺的钟声响起

青海确实很美。日暮西沉，山岚边缘的夕光氤氲渐变。因为有时差，夏天的晚上 9 点多，天才完全黑下来。几日行路奔波，终于算是安顿下来了。随之而来的是高原反应，他们常年待在平原，刚开始总觉得缺氧，头几个晚上常常醒来好几次。后来慢慢就适应了，但剧烈运动时还是会有点让人喘不过气。高原的阳光十分强烈，那个时候也没有防晒霜，稍不注意，紫外线就会把皮肤晒脱皮。晒脱皮的鼻子红红的，有点像马戏团的小丑。

这边的饮食，主要还是清真、藏餐，有各种各样牛羊肉（如炕羊排、烤羊排、羊肉汤、牦牛肉），有以前没有吃过的老酸奶，还有青稞饼、酿皮、甜醅子、面片等等，品味不同的异域美食。支教团成员羊肉吃多了还是有些许不习惯，时常买一些菜回来大家一起做，也收获了很多快乐与成长。

除了日常教学，支教团成员还会参与当地的扶贫工作。到牧民家里走访的时候体验了一种游牧工具——吾尔多（俗称“打抛儿”）。吾尔多是牛羊毛编制的粗绳，中间一段编织了比较宽的小兜，专门用来放置打抛的石块（牧民说，他们当地更多会用牛羊粪代替石块，多且方便），两头编织了用以套扣手指的套环。在小兜里放上石头，挥舞吾尔多绳，依靠惯性将石块抛出。吾尔多以抛得远、响、有力为好。自古以来，牧民会用吾尔多催赶畜群，也用作工具驱打野兽。

初心不改，青春无悔

明黄油菜花映衬着巍峨雪山
阳光在孩子们的脸蛋上
画了一团团高原红

他们采撷格桑捧到我们面前
眼中闪烁着星子般的光芒
后来才知道
藏语中“格桑”代表幸福与美好

我握住他们的手
教他们写下“梦想”二字
让他们用彩笔描绘未来的图景
三尺讲台上
有过彷徨也曾怀疑
但看着孩子脸上腼腆纯真的笑容
初心不改,青春无悔

刚开始的时候,他们满怀热忱,希望给那里的孩子带去更多知识,让孩子们看到外面的世界,但现实却向他们泼了一盆冷水。陈衍东说:“当时在撒拉族女子中学,属于民委开办的福利性质的学校,主要是为了解决少数民族女孩读书识字问题。学生质量一般,很难考到省外的学校。很多18岁之前就嫁人了,生源流失严重。”看到现实情况,他们内心产生了怀疑。陈衍东回忆道:“支教的环境差倒在其次,关键是要克服内心的孤独和挣扎,有时搞不清是应该让孩子们多了解外面的世界,还是让他们保持内心的安宁。”

然而在他们产生怀疑的时候,却也在孩子们身上发现了爱与美好。一个雨后初晴的下午,孩子们在课间活动,几个小女孩跑到他们身边,有些羞涩地从身后捧出扎成一束的野花。孩子告诉他们,这些花叫“格桑花”,在藏语中,“格桑”是“美好时光”和“幸福”的意思。那一刹那,有一种感动像星星点点的野花绽放在他们心里。格桑花是青藏高原上最普通的一种野花,当夏季来临的时候,它们会在辽阔的牧场上满地盛开,它的美丽和朴素将装点整个短暂的夏季。

还有一个小男孩会吹鹰笛,藏语叫“当日”,选用鹫鹰的翅膀骨,挂在灶火上方熏黄后制成。那个男孩吹得清脆悠扬。伴着高原的风,让人仿佛看到云影低垂,牛羊哞咩,牧人扬起手中的吾尔多,打马过草原。他们问男孩是怎么学的,男孩说只是跟着广播里的曲子学的。这是个有天赋的孩子,但因条件限制,可以接触到的学习机会很有限。

没来之前他们以为自己是来给予孩子们知识和爱的,但是来到这里却发现孩子们反而给予了他们更多惊喜与感动。专注于当下,他们感到内心的坚定又多了一分，肩上的责任又重了一些。

他们更加尽心地备课、上课，尽可能多地传授知识与经验，面对接受知识比较慢的孩子们更加耐心。其实很多家长根本不重视教育，并且少数民族的传统习俗中，女孩们通常很早就要嫁人，他们给女生们传递教育的重要性，告诉她们，一定要好好读书，只有待在学校里，她们的人身、婚姻自由才会更有保障。如果因为经济问题而不能上学，他们一定会尽力帮孩子们筹集学费。传递给男生们应当具备绅士风度的思想，教给他们“女士优先”的礼仪。同时也给家长们“扫盲”，普及法律知识。他们坚信，这些虽是微弱的萤火之光，但是不能不做。

陈衍东说：“支教应该是一个持续的过程，现在持续在一个地方的做法就很好。”如他们所愿，接下来山大研究生支教团经过调整，在山西灵丘扎根，持续了二十年，并相继开拓了新疆、河南支教地，续写新的支教故事。

格桑花开的离别

天上白色的鸟
衔着时光极速飞翔
原以为高原的冬天足够漫长
但不经意间
草色雀跃
冰雪消融
格桑花再次绽放
夏天就这样到来了

青海的冬天，寒冷而漫长。四月的天气反反复复，依然寒冷，空气依然干燥。春天来得很晚、很慢，却转瞬即逝。不经意间，已经到了夏天。

这意味着支教的时光将戛然而止，离别即将到来。离别总是让人感伤，原以为不会流泪，但是看见孩子们手捧格桑花向他们走来，想到可能再也不会踏上这片土地，再也见不到这群孩子，泪水忍不住流下来，如茶卡湖水般苦涩。大风一次次将脸庞的泪水吹干，他们跟孩子们拥抱，笑着说“来日方长，相见有时”，惟不愿诉离殇。

“老师，我不想让你们走。”看着孩子含泪的眼睛，他们想说：“我们走了，你们的梦还在。”可最终还是摸摸她柔软的头发，笑着说：“老师们会想你们的，等你们上了大学我们一定会再见面的。”

虽然他们跟孩子们说会回去，但是如此遥远的路程，再一次回去确实不知道何年何月，对大部分孩子来说这一走就真的成为了永别。陈衍东遗憾地说："目前和原来的学生联系很少了，一直计划回去看看也未能成行。"

离别是一个故事的结束，也是另一段旅程的开始。他们走进这些孩子们的心里，给孩子们描绘了一个新的、美好的世界。他们自己的生活也在继续，那段经历就在岁月的河流中，并将一直陪伴着他们。

崭新的征途

1999年，他们站在一个世纪的结尾，却开启了一段崭新的征途。山东大学研究生支教团也在他们的见证下，迈进了新世纪的大门。当时的几个年轻人也没有想到，斗转星移之间，二十年的光阴转瞬即逝，山东大学研究生支教团的精神薪火相传，他们始终以饱满的青春活力演绎着新的故事。

二十年，鸿来燕去，走过日月星辰，踏过山高水长，有过欢声笑语，有过雨雪风霜。山东大学研究生支教团的成员们相信，这一切，都是时光的磨砺与馈赠，未来必将会更好。

（文/薄雨昕）

第二话|大山深处的先行者

在一片嘈杂声中，火车从北京南站启程，缓缓驶向一片未知的土地。吕峰、周飞、孙建德、杨凯一行四人就在这列火车上，正奔赴山西开始为期一年的支教服务工作，他们是刚刚迈出大学校园的年轻毕业生。此外，他们还有一个特殊而神圣的身份——山东大学研究生支教团成员。半夜，火车抵达灵丘县，他们又紧接着坐上客车前往目的地——上寨中学。

2000 年，为进一步响应团中央的号召，也为了传承志愿服务精神，山东大学第二届研究生支教团成立。与第一届不同，第二届研支团的服务地由青海、甘肃等地转移到山西灵丘，成员们成为名副其实的“拓荒者”。关于服务地的确定，吕峰回忆道：“这个活动是团中央组织的，当时全国有二十二所高校参加，主要是北京的高校和部分经济发达省份的高校。每个高校组成一个支教团，具体哪个支教团去哪个地方的哪所学校，都是由团中央确定的。到灵丘上寨中学的就是我们山大支教团的四个男生。”

客车沿着盘山公路行驶，一边是高山，一边是断崖，每次大拐弯就像游戏中的极品飞车。孙建德回忆道：“当时觉得非常酷，但后来这就是我们去县城的最大障碍。”

一路的奔波后，四人终于来到大山深处的上寨中学。这所建于 1958 年的学校是镇上唯一的中学，四周青山连绵，一种全新的生活正向他们敞开大门，他们将在这片土地上探索、奉献并收获。“支教是个人的选择”，杨凯说。

2000 年的上寨中学校舍老旧，基础设施尚不完善，学校里全都是年头久远的平房。有一间教室甚至要靠树干支撑，后来被一场大雨冲塌了，所幸没有人员伤亡。当地的卫生条件也让四人十分吃惊，公厕中只有几根木棍供人踩踏，还不时有硕大的老鼠。来自农村的孙建德说：“虽然，我在农村见惯了这种形式，但是不加平整处理的棍子，还是让我有点意外。厕所里猖狂的老鼠，也让我大吃一惊。”

教学工作的开展不算困难，“除了初中，还有一个职业高中部，学生倒是不少。当地老师的数量其实也不算少，但比较缺能教英语和高中课程的老师。”研支团成员的到来恰好弥补了当地教育的缺口。当地学生和家长大多讲方言，但并不影响基本交流。吕峰说："一段时间之后，我们也能听懂一些当地方言特有的说法了，如'gejiu'（蹲着）。"不仅如此，杨凯告诉我们："当地的老师、同学，实际上成了很好的沟通桥梁，因为需要经常向他们请教方言。"

那时的灵丘县，物质生活条件还很落后，许多家庭生活贫困。初到时，当地人的衣着和精神面貌让他们恍惚觉得时间倒退了许多年。他们曾到部分学生家中家访，受到了深刻触动。"有些家庭真的可以用'家徒四壁'来形容，除了桌子、灶台和炕，家里基本啥也没有。"灵丘的饮食等生活习惯也和山东有着许多差异，比如主要以小米干饭为主食。杨凯笑着说："对于一个吃货来说，实在不习惯小米干饭。"四人中有人因为不适应当地的饮食和生活习惯而患了胃病。"这是一件比较让人难过的事情。"谈到这一点时，吕峰说："个人而言，我没觉得那一年有什么困难，生活虽差一些，但我不怎么在意这些事情，总体还是比较愉快。"

天黑过后，整个镇子就安静下来。街道上几乎没有行人，更没有夜市等活动。四人居住的屋子没有电视，便常常到同住学校的孟校长家看电视。后来安装了电视和天线，他们便在自己的屋子里看。孙建德说："我觉得看电视是我们最大的娱乐项目。"一段时间之后，他们也开始和学校的其他老师打乒乓球，还自己架起了羽毛球网，四个人双打，全校的人会围在一旁观看。

四人慢慢融入了新环境，在学习上，他们是老师，时刻关心并帮助学生们。而在生活上，他们则更多地感受到来自当地学生和老师的温情。冬天十分寒冷，教室和住房里需要生炉子，年龄较大的高中学生会教给他们一些技巧，将炉火烧得旺一些。"他们知道我们都不是山区长大的，所以经常主动帮助我们"，吕峰满怀深情地回忆道，"有时，有的学生会带几个玉米、一把酸枣，表达他们对支教老师的感激之情。有时，下过雨之后，学生会带我们上山采蘑菇，令人非常难忘。"

一年的时间，既短暂又漫长。他们没来得及做更多的事，却与学生建立了深厚的感情；没能改变他们的人生，但曾照亮并影响他们。十几年前离别的场景仍历历在目。那天，学校为他们举办了欢送会，吕峰和孙建德合唱了一首郭峰的《永远》："让我为你唱首歌，今日的相送，明日的相逢，一路顺风多珍重。"歌声中，许多人都落下泪来。吕锋回忆道："欢送会一结束，我们马上要上车离开，但根本上不去车，学生们有抱腿的，有搂腰的，都泣不成声。好不容易上车之后，车开出去一段距离了，我回头看，还有学生在哭着追车，真的就像电影里一样。那一幕，我终生难忘。"

支教虽然结束了，但四人已与大山深处的这所学校紧密相连。支教过程中，孙建德代表山东大学信息学院为上寨中学组织了一次助学捐助，资助对象全校大概有十人，主要是选拔成绩优异但家中十分贫困的学生。有一位学生，考了三次高中都没有考上，虽然符合困难条件，但却因成绩原因而落选。于是，孙建德用自己的补助，尽自己的可能给予他些许资助，并一直持续到工作后。虽然资助并不能完全解决这位学生的经济困难，却给了他极大的精神鼓舞。如今，这位学生自己开办了公司，并具备了赡养父母的能力。“我微不足道的付出很可能给别人带来难以想象的力量。”孙建德颇有感触地说。

时间流转，一年又一年，当时年轻的他们如今事业有成，也越发稳重成熟。许多往事变得有些模糊，但那段日子的记忆却持久而清晰。孙建德说：“这一年的经历让我有了一个习惯，就是哪怕有一点资源和能力，我也愿意主动拿出来与人分享，并且希望别人能从中获益，特别是我的学生。我深刻感受到，不论是工作还是做人，只要真心付出，必定会得到同样真心的回报。”吕峰深有体会地说：“我学到不少东西，包括工作态度、工作方式方法，还通过教学实践极大地锻炼了表达能力，这些都给我现在的工作带来很多无形的帮助。”

吕峰、周飞、孙建德、杨凯四人第一次踏上这片土地至今，已有十八年。这十八年里，山东大学研究生支教团不断壮大、完善，每年坚持为灵丘输送优秀毕业生参加支教服务工作，支教学校也由 2000 年的一棵独苗扩展到包括上寨中学在内的三所学校。这样的发展趋势也是四人当年未曾预料到的。今年是研支团创立的二十周年，吕峰表达了自己的祝福和心愿：“祝福在灵丘的学弟学妹们能把握好这一年的时间，在自己的人生中留下一串难忘的印迹，也祝愿我们母校的支教事业持续保持活力，为山区的孩子们带去更多的爱和希望。”

（文/崔媛媛）

第三话 | 在探索中前行

2001 年盛夏的一个清晨，浓雾弥漫，带着几分凉意，一行五人，两男三女，拖着笨重的行李箱缓缓行走在路上，他们肩并着肩，稚嫩的脸上带着几分刚毅，眼神坚定，信心满满。宋小伟、朱兰兰、杨文娟、张婷婷、边炜就这样踏上了前往山西的旅程，平凡但却神圣。他们来自五湖四海，却又来自同一个地方，他们都是山大人；他们来自文理工医不同的专业，却又奔着同一个目标，他们是山东大学第三届研究生支教团。

按团中央、教育部联合组织实施的青年志愿服务扶贫接力计划要求，2001 年山东大学继续组建研究生支教团，这已经是山东大学研究生支教团的第三届成员了。不同于前两届团中央分配去向，他们传承了第二届的支教地——山西灵丘，由此开始了山东大学研究生支教团长达二十年并会继续坚持下去的支教接力。“我们是第三届，学习他人，做最好的自己。”杨文娟如是说。第三届研究生支教团组建的时候，第二届的四个人也是刚刚到达上寨中学，山西灵丘的环境跟第一届支教团的支教地青海、甘肃可以说又是完全不同的，他们根本没有经验可循。对山西灵丘的了解，除了学校和团中央给出的官方介绍外，支教团手里就只有同第二届学长们不多的几封书信和往来短信而已。他们的眼前有如早晨的浓雾般迷茫，不知所向，可他们的内心却无比坚定，无问西东。杨文娟相信，自己已经“做好了一切准备”。

随着列车冲破迷雾，驶入山西，又转乘客车翻越群山前往上寨中学，五人也都不再迷茫和忐忑，转而热切地讨论起他们即将生活一年的地方和那里的孩子们。人们对未知的生活总是好奇和向往的，就好像蝾螈爬上陆地，古猿走出森林，既然从没想过要放弃，那何不一路向前！上寨中学这所建成于 1958 年的老校比想象中的还要残破几分，没有坚实的古舍，只有老旧的危房，猖狂的老鼠和水资源的短缺让朱兰兰这个来自江南水乡的小姑娘苦不堪言，杨文娟虽然嘴上说着“没有感到明显的差距”，但适应大山里的生活也是费了一番工夫。山区的电力虽然不稳定，但却不至于短缺，至少不影响队员们的日常生活，可是水源短缺造成的洗澡的不便着实让几位女生难受了一阵子。

一开始，山里的孩子对他们还有几分陌生，刚依依不舍地送走了上一届老师，对第三届这些“替代品”有所隔阂也实属正常。但杨文娟相信“只要有爱心和信心，全心全意地爱学生，很快就能打破陌生感”，他们是这么想的，也是这么做的。不出一个月，支教团的老师就和孩子们打成一片。支教团的队员们行前还曾想过，这边的孩子跟山东的孩子会有什么不同，山东的教学方法是否适用于山西等问题。到了这里他们才明白，哪里的孩子都一样，大山里的孩子反而更加淳朴、真诚。“不要另眼看他们，尊重孩子也是尊重自己。”杨文娟在回想起这段经历时得出了这样一个结论。

山里的老师很多都是十几年的教书匠，教学经验丰富，但学历普遍不高，在高中课程特别是英语的教学中力有不逮，研究生支教团大学生们的到来恰好弥补了这一缺憾。说起这一点，队员们尤为兴奋——他们总算是真正帮上忙了。支教团的成员也是初为人师，以前只是从学生的角度看课堂，从没想过自己有一天会成为站在讲台上的老师，讲起课来虽然还有些稚嫩，可每一个学生都听得无比认真，从每个孩子的小脸上都能看到他们对知识的渴望。刚从学生的角色中走出来，更容易理解学生的思想，想学生之所念才能教学生之想学，进而与学生们弦歌一堂。

课堂上，队员们谆谆诱导，深谙“传道，授业，解惑”之理。科学社会主义专业的宋小伟给山里的孩子们带来了思想上的指引，历史学专业的张婷婷跟同学们畅谈古今中外的名人事迹……可以说，队员们把大山外面的世界带到了山里孩子们的眼前。生活中，更多的却是这些常年生活在山里的学生们在帮助老师打水、烧火、做饭，山里的孩子们用自己的方式关心着老师们，为队员们适应山区的生活提供了很大的帮助。当时的上寨中学只有几间破旧小屋，甚至没有个像样的操场，娱乐设施极度贫乏，整个学校只有两台电视机和几个乒乓球台。但队员们能自娱自乐，经常带着同学们围坐在老校长的家里通过电视机了解祖国的发展变迁。

“一年的经历，一生的回忆。”一年的时间很短，可不管是支教所培养起来的奉献精神，还是一年工作经历所带来的工龄积累和基层工作经验，都给队员们之后的工作学习带来了深远的影响。现在正在负责扶贫工作的杨文娟认为，这一年的支教经历对她现在的工作有很大助益。当问起如果回到过去，你们是否还会选择去支教的时候，他们纷纷答道“会”“当然”。“支教是一次宝贵的经历，让我们在相对艰苦的环境下实现了从学生到老师的转变，实现了人生观价值观的升华，开阔了视野，磨炼了意志，锻炼了能力，融入了情怀，用一年不长的时间做一件终生难忘的事情，何乐而不为？”杨文娟总结道。

（文/王修宇）

第四话|我是老师，也是打开世界的窗口

2002年9月，山东大学第四届研究生支教团到达山西灵丘，开始了他们为期一年的支教服务工作，山大研支团也成了这片黄土地上支教志愿服务的守望者。

支教团的队员们一到上寨中学，就感受到了肩上责任的分量。因办学条件差，校舍短缺，师资水平较低，在山东大学研究生支教团到来之前，教育教学工作步履维艰。

“去之前已经了解上寨中学的环境很艰苦，也有充分的思想准备。但是到了学校以后才发现，实际情况比想象的要困难得多。比如住的是土屋、土炕，屋子后墙用树桩支撑，防止倾斜倒塌。在我们结束支教生活、离开支教地以后得知，一场大雨冲倒了我们住的土屋和隔壁的教师办公室；冬天的时候，学校唯一一口水井会上冻，没办法取水，喝水都成问题，洗漱更是奢侈的事情；晚上经常停电，只能点蜡烛备课和批改作业；夏天的一日三餐是土豆炖茄子加米饭，冬天只有土豆炖土豆加米饭，偶尔在周末，学校老师会在厨房给我们单独炒个菜改善一下生活。”深冬季节寒风凛冽，玉树琼枝。“大山里的冬天很冷，我们的宿舍门板四面漏风，唯一的取暖工具就是火炉。”城市里来的支教队员们大多没有生炉子的经验，在出发前的集训也没有涉及这样的生存技能。“10月中旬，山里开始下第一场雪，学生们偷偷来到我们宿舍，帮我们垒炉子。孩子们到门外的泥地里抓几把土，捡一些碎石砖块，再去学校库房领一套炉具和烟筒。等我们下课归来时，宿舍里的火炉已经烧得红彤彤的。”可爱的学生呀，暖了屋子，热了心灵。

“我们的支教以教授知识为主，但更重要的是给孩子打开一扇窗户，种下一粒种子。”对于大山里的孩子来说，除了信息和交通的闭塞，更多的是思想上的麻木。没有电视、电脑和网络，每天都在重复着来学校上课和回家做农活两件事情。“支教过程中，我们深深感受到，比起生活上的困苦，灵魂的贫穷更加可怕。”在不到一年的支教时间里，除了完成基本教学任务以外，支教老师们更加注重给学生们讲外面的世界是什么样子，为孩子们搭建一个放飞梦想的平台。“我们告诉孩子们大山外面是什么样子、大学是什么样

子、城市是什么样子，给孩子们的心灵种下一粒种子。假以时日，相信这颗种子终会萌发。"路云生告诉孩子们："外面的世界很精彩，除了透过窗户看看，你们还要通过自己的努力去打开门，去亲身体会外面的万千风景。"

团中央西部支教计划初期，对支教老师的培训还不是很系统，没有现在完善的培训方案和形式多样的培训内容。全国第四届支教团的400多位支教成员去中国人民大学完成短短一周的集训后便奔赴各服务地开展支教工作。

"学校没有培训，但我们自己有学习。"第四届山东大学研究生支教团团长刘奇耀说。师资力量的不足让支教队员们必须身兼数职，到达服务地之后需要教的课程都可以胜任。"我带高一历史、英语，高二物理和高三政治，文科生教理科生内容的现象还是存在的，我们通过加强备课和自主学习解决问题，按照教学大纲上课是可以达到教学目标的。"此外，队员们和当地老师也有沟通联系和交流。经过前两届的磨合，当地的老师对支教老师非常亲切友好，同时也对他们有了更高的期待，期待不仅仅是按部就班的教学，更多的是对不同年龄段孩子的引导。山大的支教老师和服务地一直保持着一种非常深刻浓烈的感情，也给学校注入了一股新的力量，首先是我们仍旧在不断地输送教学师资队伍，另一方面就是过往的支教队员和当地中学都保持着非常好的联系，这个价值远远超越了教学本身。

"我们在服务地教书育人。"育人方面，在研支团成员们的精心组织和带领下，上寨中学成立了学生会，校园文化活动搞得有声有色，往日不善言谈的山里孩子开始活跃了，现代校园生活的气息逐渐在这里生根发芽。山里的孩子经历了无数尝试"第一次"的激动时刻：第一次举行了升国旗仪式，第一次走进现代化的微机室，第一次成立合唱团，第一次参加夏令营，第一次组成团队进行拓展训练，第一次走进爱心图书室，第一次建起孩子们自己的学生会、英语角、文学社……数不清的"第一次"给山里的学生们带去了探索世界的无限期望。

刘奇耀在他的支教日记中写道："因为SARS，我们提前结束了支教生活，5月份返回的时候，学生也放假在家中自习。打电话给学生，总是要嘱咐他们注意卫生，要多洗手等等。电话那头的声音也是关切的，不像初次接触时他们拿话筒的手都在颤抖。一个已经在外地打工的学生还打电话给我，问我还好吗。这些学生就是当初从学校门口一直排队到山坡下迎接我们的长长的队伍里边的几个，在我无以名状的激动眼光中掠过但没有看清的几个。SARS好像把他们的内向都击走了。队友张翔发给我一个短信，是很好的诠释，'S－sacrifice，牺牲小我；A－appreciation，欣赏生命；R－reflection，反思人生;S—support,支持他人!'在山西灵丘的每一个日夜,充满我内心的绝不仅是感受或克服艰苦的情绪,而是大海一样深沉的山里情怀。"

在一次支教交流会上,刘奇耀代表第四届山东大学研究生支教团成员发言:"当我们回来的时候,不要去标榜我们决定去的时候多么高尚与毅然决然,不管是基于什么样的考虑,只要你在这个过程中从内而外尽情投入,支教地获得了帮助与支持,你个人也得到了一种真正的唯有经历才能收获的成长、记忆。这种收获无法用货币利益衡量,却能融化在大山深沉的气息里,定格在敏于事而讷于言的山里人的眼神里。"

(文/王婷婷)

第五话|春风化雨，浓浓师生情

都说支教一年虽短，却是一生难忘的回忆。在这段经历中，最能牵动支教者心弦的便是他们的学生——当地的孩子们了。支教团成员作为接受过高等教育的人才，当他们深入大山深处参与日常教学，可以为当地的孩子们带去什么？又会和学生们产生怎样的情谊呢？让我们追忆十五年前的时光，来到第五届研究生支教团成员身边，看看他们的故事。

大山中的孩子们

十五年前的山西灵丘，大山深处，这里的物质条件对于习惯了在城市生活的支教队员来说是极为艰苦的：每日的土豆餐、没有暖气煤气供给、道路崎岖交通不便等等都是摆在支教队员面前的困难。

这就是当地的孩子们出生、成长的地方。虽然这些孩子家里经济条件相对较差，文化基础有些薄弱，因为物质条件的限制，对外界的了解也较少，但是他们也有自己的优势，生活能力比较强，能够吃苦耐劳。第五届支教团成员刘娜回忆道："冬天下雪我们都不太会生火，孩子们会轮流帮我们生火取暖，非常懂事，非常贴心。"

"支教地区的孩子也是普通的孩子，他们跟同龄人没有本质的区别。只不过每个人都生活在自己的环境中，接触的事物有区别，但是对未知的渴望都是一样的。任何人真正走近他们之前，都不会了解，所以必然和预想有差距。孩子们不是像新闻作品描述的那样，孩子们都会调皮，每个个体都是多面的。"第五届研究生支教团成员吕振林在采访中的这番话提醒我们，他们因物质条件差距造成的不同不能成为被另眼相待的原因。面对支教地的孩子们，我们应当抛掉以往"一刀切"的有色眼镜，真正地走进孩子们的内心，去认真了解每一个孩子。

在被问及支教一年学生们的变化时，吕振林说道："学生变化都是潜移默化的，能不能把外面的一些思想和方法带给他们是最关键的。"的确，把外面的思想与方法传递到大山深处，从而拓宽孩子们的视野，培养他们科学的、系统的思维与方法，是支教团成员应该做的，也是最关键的事情。毕竟知识可以从书本中获得，而视野与方法则需要经验的积累，这也正是他们欠缺的。

亦师亦友的师生情

支教地的孩子们性格淳朴，求知欲特别强，他们对一切新鲜的东西都持有着强烈的好奇心。面对支教团成员，孩子们普遍感到非常新奇，也乐于去亲近他们。“跟孩子在一起很简单，他们在外住校需要陪伴，我们是从外地去的，他们对我们也有好奇。大家生活在一起，很快就走近了。”吕振林分享道。

一年的朝夕相处让支教团成员和孩子们建立起了深厚的情谊。他们的关系亦师亦友。在被问到如何与学生相处的问题时，支教团成员们都表示要和他们成为朋友。刘娜说道：“我们支教的时候是大学刚毕业，我教的学生都已经上高中了，年龄和我差别不大，多和他们交流、沟通，多和他们聊聊外面的世界，鼓励他们考出来看看不一样的环境。他们也愿意把自己的想法和支教团老师们分享。”

第五届支教团成员周琳也在采访中特别提醒我们：“要注意的一点是，不要觉得自己比他们懂得多而不自觉地流露出优越感，这样很难平等交流。”的确，我们当前所拥有的知识和阅历绝对不是优越感的借口，而应当是努力去影响当地的孩子们走出大山、追求更高水平生活的资源。

周琳还和我们分享了她和学生们相处时印象最深刻的一件事情：“当地冬天特别冷，那年冬天有个节日，记不清楚是哪个节日了，学生放假了，我们支教团五人一起到镇上吃饭庆祝一下。回来的时候比较晚了，只记得天特别冷，很黑，到宿舍门口的时候突然看到几个黑影，我们吓了一跳。近前一看是班里几个学生，来给我们送吃的，他们没有手机，就这么一直等着，坐在宿舍门口。当时我们特别感动。十五年过去了，很多事都已经模糊，但是这件事一直记得，可能一生都不会忘记。”

生活上的关怀

支教团成员除了日常教学之外，也经常在生活上关心学生。他们经常会踏过崎岖的山路去学生家中家访，家访的主要目的是跟家长交流一下孩子的学习情况，鼓励他们支持孩子上学、不要退学，顺便也通过了解家庭情况对孩子有更全面的了解。的确，在十五年前的大山深处，还存在很多学生中途辍学的现象。对于他们来说，家庭的困窘使他们无法安心学习，于是早早选择下地干活或是外出打工，但也失去了学习这一获取知识、改变贫困命运的最为公平的途径。

除了家访之外，支教团成员们还会留心给孩子们买书。当时没有网购，买书很不方便，但他们每次去北京或是回济南的时候，都会想办法买一些书带回去给孩子们。在一年期满，回到山大后，一些成员依然心系灵丘，设法邮寄些书籍和衣物回去。

十五年情意悠长

支教一年的生活不仅给大山里的孩子们带去了知识，而且还让支教团成员收获颇丰。他们或许有些人从未去过条件如此艰苦的地方，也经历了前所未有的困难，但是他们在与孩子们相处的过程中得到了锻炼，从孩子们身上也学到了在艰苦条件下坚持学习、顽强生存的精神。“走向社会，就会发现，每个人都会遇到挫折和低谷，不屈不挠、坚强抗争才是正确的解决方法。”这是周琳的感悟，相信也是很多支教团成员的收获。

如今，十五年过去了，当时支教地的孩子们已经普遍成家，他们当中的很多人已经走出了大山，在城市中打拼。他们中有的人还和当年的支教团成员保持着联系，看到他们成家立业，在社会上找到自己的位置，支教团的成员们也感到十分欣慰。相信走出深山的他们，在拼搏中一定可以收获充实而有意义的人生。

（文/焦丽娜）

第六话|艰难苦困终成乐，柴米油盐塑形神

“荒凉，破败”，谈起第一眼的感受，孔大伟如此说。

2004年9月，山东大学第六届研究生支教团到达服务地——山西省灵丘县，一个藏在晋北山区中的贫困县，当年平型关战役打响的地方。一场举世闻名的战斗并不能改变当地的环境，“荒山秃岭，地下可能有各种矿产，可地上却没法种植什么植被和庄稼，也缺水。”来自东部繁华之地的队员们将在这样的环境中度过一年的时光。

大山给了他们第一个考验。支教服务学校分散在群山之间，交通不便是家常便饭。“校长在60公里外的县城等着我们的到来，他专程雇的面包车载着我们在黑黢黢的山谷间盘绕，碎雨拍打在车窗上，我的思绪也随风雨飘摇，不知前方的路还有多长，一直生活条件优越的我也不知如何应对这么大的落差。”夜雨拍打着车窗，也在拍打支教队员年轻的心。将要去独峪九年制学校服务的孟杰明白这只是下马威，是第一只拦路虎，更大的考验在后头。“这所学校拥有我们能看到的西部题材电影中的一切特点：办学资金短缺，师资水平较低，学生生活困难，生源流失较多，管理混乱，教学工作步履维艰……出去走走，乡里面都是土房，目光越过房顶就看到连绵起伏的山，见不到什么人，和繁华的城市是两个世界。看着头顶无垠的天空，想想几天前刚刚告别了许多熟悉的人，现在已经辗转来到这千里之外的地方，心里不免有些惆怅。总要长呼一口气，必须面向新生活，迎接新的挑战。”

山野中的独峪如此，铁道旁的平型关亦如是。“开车的话要走山路，还有石头路，绕得远；到那里最近的方式就是坐绿皮火车，窗户可以打开，没有空调，车上热水是车厢之间的锅炉烧的，锅炉是往里面填煤的那种……我们那里有一座三层楼，是当年为去参观平型关战役纪念馆的人修的一个招待所，后来荒废了，就建了一所寄宿制学校。我们去的时候是刚启用，设施还没建好。”宿舍隔壁就是教室，用纸板糊上漏风的窗户，伺候着炭炉子……在平型关寄宿学校的孔大伟等三人熬过了物资极度贫乏的一年。

“每周末学生们回家，我们坐火车去灵丘县城里洗澡。”缺水的现状造成了一个尴尬的事实，现代文明所崇尚的生活习惯在此处荡然无存。年轻人

最擅长的是苦中作乐吧，沿着铁道线慢慢走，看着夕阳拉长同伴的影子，从白崖台车站唯一的工作人员手中买一张硬纸板车票。这一切像是文艺电影，平型关的三人是导演、编剧、演员和观众，演绎的是青年人对此后十五年生活不变的热爱。

在中国960万平方公里的土地上，饮食总是避不开的话题。出发前在济南自然不用为吃食发愁，到达目的地后却有一种无法言表的苦涩。命运就像一个躲猫猫的熊孩子，你抓到他，他扔给你一筐土豆。“在这里一日三餐吃的都是土豆蒸小米、土豆玉米面、盐水煮土豆，偶尔能吃上顿大米干饭，一般两个小时后就又感到饿了。晚上我躺在床上总在回忆以前吃的美味，为某次在济南吃饭剩下那么多鱼肉而懊悔不已。”支教老师每天靠土豆过活，当地群众也是如此。某次孟杰去家访，那家的主人杀掉了自家下蛋的鸡来招待他。“我不忍心去夹他们特意准备的肉菜，不住地吃苦涩的腌树叶，推说自己不爱吃肉。在我走之前，她的母亲给我装了一罐头腌树叶……”他们实在受不住了，就去县城聚一聚，一顿火锅成为令人朝思暮想的人间珍馐。但是他们无怨无悔，在学校没有人退伙，没有人开小灶，他们咀嚼着跟学生一样的饭菜，共通的不只是口味，还有灵魂。

寡淡的饭菜带来的直接后果便是身体抵抗力的下降，伤风感冒是常有的事，长期的营养不良让队员们或多或少地出现低血糖的症状，更有甚者差点儿昏倒在三尺讲台上。贫困的乡村缺医少药，学医出身的孔大伟尚能给同在平型关的同伴诊治，几十公里外的孟杰只能去找村里的医生。一次生病后村医给他打了说不上名字的药，对青霉素过敏的孟杰回想起来还是心有余悸。

为了增强体质，增加抵抗力，在平型关的队员们每天下午带领孩子们在学校旁边的小路上跑步。路旁的深沟里仿佛还能听到血与火翻腾厮杀的声音，头顶上的蓝天又是那么纯净。带着孩子们穿越20世纪30年代的战场，身旁是历史，屈辱和抗争并存，浓烟滚滚；身后是未来，笑着跳着，充满生机与活力。支教队员们正是站在历史与未来的连接点上，以未来抚慰历史，以历史告诫未来。

另一边的独峪九年制学校则在举办体育文化节。为了丰富学生们的课余生活，大家一起动手，一场别开生面的活动就这样拉开了序幕。没有接力棒，大家就把树枝修剪修剪，用红蓝墨水给两头染上色；没有铅球，就去铁矿厂借一个铁疙瘩；没有发令枪，就买一个儿童玩的小手枪；没有舞蹈老师，大家就跟着电视上的舞蹈节目练习……其中的艰辛不言而喻，但同学们这次玩得可高兴了，一张张灿烂的笑脸，此起彼伏的清脆笑声，把这个体育文化节装扮得如此可爱，如此动人。当时采访这个活动的《齐鲁晚报》的乔姓记者，在回程车上放声大哭，他说自己还从没见到过如此感人的场面。

一年的时光总是很快，最后学生们的成绩也没有让支教老师们失望。“之前他们乡每年几乎没有人能考上县里的高中，我们三个去了以后分别教初三毕业班的数学、英语、物理、化学，学年结束后班里有三个学生考入县重点高中”，“在期中的全县统考中，我教的英语成绩均有明显提高”，这是对老师一年辛勤工作最好的答复。

回忆起那段日子，孟杰心中有太多感慨：十五年时光流逝，艰苦生活终成人生财富。曾经的物质匮乏成为得之如宝的“人生教材”，曾经的孤独落寞转化为临危不乱的信念和定力，曾经的守望相助酿出了历史苍生的情怀；未来的路是用脚丈量出来的，越是走得远越要感谢走过的路；支教艰辛、孤独、苦涩的一年重塑了“形”，更重铸了“神”，为支教人今后驾驭人生提供源源不断的动力。

（文/魏华宇）

第七话|以苦作乐，爱心远航

“支教的日子套用一句话就是苦并快乐着，生活上的确艰苦，但是我精神上获得的愉悦是难以衡量的”，第七届研支团成员徐从德感慨道，“一年前，我两手空空来到这片土地，看到的是无边的荒凉与荒芜；一年后，我的行囊里装满了真情与祝福，眼角滑落的是幸福与感动的泪滴。”

《生活日报》曾经这样描述第七届志愿者的生活：“十名支教队员所在的四所学校都是最艰苦的乡镇，上寨、独峪水源短缺，烧出的水会带着厚厚的水垢，洗衣服不敢浸泡，碱性成分会让牛仔裤都变成白布。”在缺水的独峪，支教老师还在学校旁边挖了一口井，朴实的山民把它命名为“安利·山大井”，纪念接力来这里的支教队员。

由于交通不便，大部分支教生都是徒步去家访，这被他们戏称为“散步”。灵丘县独峪乡的位置最为偏远，在这里支教的侯永军有时候“散步”一次需要三个多小时。在支教的一年时间里，他们几乎给每个学生都做过家访，和家长建立了很深的友谊，但很多孩子仍然因经济原因面临辍学，如何让这些孩子不失学是他们最牵挂的问题。因此，除了平常的教学工作外，他们还会拉赞助帮助失学的孩子重回校园。

灵丘地处晋北高原，大部分属于土石区，一年要刮300多天风，不刮风时的蓝天白云让人以为到了世外桃源，刮风的时候满天黄土睁不开眼。

在山西上寨中学支教的张添说，那时他自己买菜做饭，每天都是吃土豆、白菜、小米粥，他还得了痔疮。因为当地消费能力太低，超市里已经过期了的东西，店主也不会丢掉，只是卖得便宜些。

张添很自豪地说，他做了一件很有意义的事情，就是让上寨通了网。刚到达支教地，与世隔绝，只能偶尔通过电话和外界联系。他们用最原始的方式给同学写信，偶尔会收到来自同学的慰问和包裹。这时，他们总是非常感动和激动。后来，他打了几十个电话，将上寨的情况反映到山西省网通，希望他们帮助安装宽带。最终，在政府的支持下，终于克服了种种困难，上寨中学通上了网线，当地的老师也非常感谢研究生支教团。即使时隔十几年，当说起这件事，张添还是难以抑制内心的激动。

被问起当时的教学情况时，第七届支教队员杜英玲微笑着说道："上寨的三名志愿者都带英语课，天天都有早自习。冬天的早晨特别冷，从被窝里爬出来牙齿冷得直打战，洗把脸让自己清醒一下，一天的工作就开始了。他们自发地在学校建广播站，组图书馆，建学生会，组团支部，建兴趣小组，组织比赛和文艺活动，等等。完成一个又一个的挑战，为此，我们充满了成就感。"她轻松调侃道："住在教学楼里，宿舍亦是办公室，每天下了晚自习，孩子们都会来问问题，开朗的、活泼的、腼腆的、羞涩的……夜深了，熄灯铃声响起，我们的宿舍才能归于宁静。住在离教室最近的地方，却是睡得最晚，起得最早。"

很多孩子渴望走出大山，但没有实际的概念，我们的责任除了教学，还要通过细节告知和引导他们学会自主学习，虽然不会立竿见影，但通过支教队员的接力，总会有实现理想的那一天。支教队员们在潜移默化中影响了孩子们生活学习的方方面面。在支教队员到来之前，上寨很少有人有洗澡的意识，但在几代支教队员的带动下，镇上有了澡堂，很多经营者就是以前支教队员的学生。十三年前支教队员侯永军就告诉记者："这些孩子对外界的渴望异常强烈，因为很小的一件事情，或许就会让他们对外界充满渴望，坚定走出大山的信心。"所以他们组织夏令营，尽量把外界生活美好的一面展现出来，鼓励他们走出大山，尽己所能为孩子的成长打开一扇窗。

侯永军在离别前写了一篇文章，他是这样描述这里的孩子们的："他们不善于表达自己的感情，他们不会说太多感激与敬爱的话，但在他们每一个羞涩的微笑和拘谨的动作背后都饱含着对我这个从远方来的年轻人深深的敬意与信赖。他们的衣袖上可能落满了灰尘，但是每个早上我的办公桌却会被擦得一尘不染；他们买不起名贵的礼物，但是我的桌子上时不时会有纸做的玫瑰花，手工制作的笔筒，或者是一只用砖头磨成的小狗；他们从不说'老师我们爱您'，却会在我将要离开的时候为我唱一首《一路顺风》。课堂上，总有些孩子会调皮捣蛋、惹人生气，离别回味，又总是透出那么一丝可爱的意味。那一点点的失落与伤心突然在眼前消失，化作一些温柔的颜色，温暖我的心灵。"

杜英玲觉得，以旁观者的眼光看，或是以现在的眼光看，那段日子是艰苦的，但是当她把心境切换到当年，当年的那群年轻人似乎从未感觉到困难和畏惧，一个个的挑战只会让他们更加兴奋，让他们充满激情地去面对工作和生活。坐着敞篷的三轮车去家访，山路上时有滚落的碎石，不可谓不惊险；每天早上的白米饭配咸菜也曾觉得难以下咽；洗碗时突然从锅里摸到的死老鼠也曾让他们尖叫。但回首往昔，他惊奇地发现，年轻人的字典里，真的没有“困难”二字。

无论是十几年前还是现在，初到那里，支教队员们总会在生活方式上有各种不习惯。但是，作为去支教的山东大学的学生，应该有着自己的一份担当和责任。我们要做的从来不是抱怨种种不适，而是努力去改变这种现状。

侯永军这样总结他的支教生活：“也许时光流转，若干年后，我已淡忘了他们的容颜，但是我会永远记得在那些青春的岁月里，曾经有一群快乐的孩子从我年轻的生命中飘过，他们带给我最原始的幸福与感动，就像我曾经在午夜看到一颗流星，或者清晨听到一声悠远的莺啼。”他的话如和煦春风，拂过我们的面颊，孩子们的欢声笑语就在耳畔回响。

（文/苗　荣）

第八话|时间的力量

道路泥泞不堪，污水肆意横流，一栋小楼就是一所学校……2006 年，十名来自山东大学研究生支教团成员到达山西省灵丘县支教时，看到的就是这样一幅场景，转眼间已有十二个春秋拂过这片土地，然而时间如流水，流出了一缕缕清泉，流出了一阵阵芳香。一代代在此耕耘的人们用双手建设着这里的点点滴滴，一位位在这里奉献青春的志愿者用镜头与笔触记录下这里的发展，一个个洋溢着幸福笑脸的孩子们在这里成才后走出这片大山，用实际行动向外界宣告这里的变化与自身的成长。

山东大学研究生支教团成立以来，已经为这片土地服务了二十载。回首过去，这里的种种变化不禁令人感叹。从他们口中与他们提供的照片中了解到 2006 年山东大学研究生支教团山西省灵丘县服务地——上寨、平型关、下关和落水河的一些情况，不难体会当年的各种艰难与苦涩，但他们的话语中也带着怀念和对后来人的勉励与支持。

上寨中学是山西省大同市灵丘县上寨镇唯一的一所中学。十二年前的上寨中学有一座四层高的教学楼，但也仅此一座，在寒冷的山上显得有些孤独。洁白的楼体上也没有明显的标识，远远看去都不知是一所学校。楼前没有一砖一瓦，每天早上所有师生都通过有些松软的土路来学校，一旦下雨必定是泥泞不堪。学生的自行车停靠在楼前。老师们的宿舍是一排平房，紧邻着的是一个正在建造中的小楼。晚上停电时，只能靠点着蜡烛完成作业批改等任务。

十二年弹指一挥间，一届又一届的山大人在这里播种。当年的孩子们收获了满满的知识，怀揣着孕育了多年的梦想，背负着家里的期冀从这里走向更高的学府。教室里的身影走了一波又来一波，教室也在慢慢地变化着：学校加了围墙，教学楼上竖立着四个鲜亮的大字“上寨中学”，大门两边挂着勉励全校师生同舟共济、锐意进取的校训“修德、笃学、求实、创新”，楼前的土路已全部铺上了整齐的地砖，成了学生们日常活动的操场，一座可以容纳 1200 人就餐的餐厅已投入使用。学校各种教育配套设施正逐步完善，据统计，学校图书共计 15600 册，高标准化学、物理实验室各一个，高中化学、物理仪器各一套，初中物理、化学、生物、文体器材各一套，计算机 64 台，投影仪 20 台，专用教室两个，多媒体教学设备两套，专用教室两个。学校基础设施也在不断完善，已经可以满足学生与老师们的基本需求。

十二年的快速发展只因为这里是上寨所有儿童梦想开始与启航的地方，这里承载了太多的期待与希望，而这样的变化不止于上寨。

平型关，一个蕴藏着红色历史的地方。平型关大捷打破了日军“不可战胜”的神话，大大鼓舞了中华民族的士气，坚定了全国人民团结抗战的信心，对华北战局和全国抗战形势产生了深远影响，在中共党史、中国抗日战争史上写下了光辉的一页。迎着新世纪的曙光，沐浴着课程改革的春风，灵丘县平型关寄宿制学校如同散发着诱人芬芳的蓓蕾，在广袤的黄土高坡上徐徐绽放。

2006 年，来自山东大学的研究生支教队员们依然能感受到这里的荒凉。来到建成不久的平型关寄宿制学校时，他们更是感到当地学生的不易。平型关寄宿制学校占地已算不小，主楼由当年的招待所改造而成，但其他设施和场地基本上都靠各方的捐助才得以建成，老师们的办公室就是宿舍，学生们的操场都是未经修整的土地，教学条件确实艰苦，然而每当想到当地学生的不容易，他们对这一切也就不再那么介意了。

十二载岁月匆匆走过，平型关战役的遗址依然平静地守望着这片神圣的土地，当年的学校已焕然一新，学生们活动的场所不再是一运动就漫天黄土的土地，老师们的办公场所得到了改善，教室里加装了电子教学设备。此外，研究生支教团还建成了爱心图书馆，受到社会各界爱心人士的关注与捐赠。目前馆藏 800 余册图书，图书主要包括国学经典、国内外文学名著、青春励志文学、作文教辅材料、儿童文学六类，适于平型关寄宿制学校一至九年级的孩子阅读。各个年级学生借书的热情也十分高涨，每本图书都得到了最有效的利用。学校的整体教学、生活条件都得到了极大的改善。

这样的变化发生在山东大学研究生支教团耕耘过的每一片土地上，上寨中学、平型关寄宿制学校、下关中学、上寨小学、落水河中学，一代代来自山东大学的教书匠在这里奉献，一位位对知识与外面的世界饱含期待的学子从这里成才。这样的变化同样发生在祖国的各个角落，一段段青葱岁月，一次次芳华流逝，教育的征程依旧漫长，支教的道路仍需延续，山村里孩子们渴望的眼神在召唤着我们。有人这么说过，你所处的这个时代，如果有什么你认为需要改变的，尽力去改变它，那么这大概就最接近于黄金时代了。也许一年，我们只能带给他们微不足道的改变；那么就用十年、二十年我们相信终能见证他们的成长。而这份想要带给他们改变的心，我们将永远延续。

（文/马孔融）

第九话|最重的回忆，最好的风景

当倚靠着的火车“咣当咣当”地从热闹的大都市悄悄离开，让人幽冷的绝对不仅仅是变换微妙的心思。对于一群从小生活在城市的青年，当习惯了的繁华在铁轨碰撞里慢慢收束，那感觉大概便是“蕴华流转，过了秋风萧瑟，换了人间的秋季，初冬紧接而至”。

自然美景

“虽然经过了培训，经过了准备，但当来到支教地的时候，还是有点不知所措。”赵亮师兄清了清嗓子，使劲顿了顿。二十出头的年纪，青春正好，但过分的自信和对支教地的想象，在初来之时伴随志愿者们的往往是落差与挫败。“以前可能以为深山里花团锦簇，有幽兰、玫瑰之类，但来了以后发现山里只有一些星星点点的不知名的野花。”用师兄的话说，灵丘没有那种娇滴滴的美，连风都是有颜色的，卷着黄沙的咆哮，准确来说应该是一种毫无修饰的野蛮与自然。

刘奇耀的家乡是浙江舟山，采访之前大家都很好奇，江南水滨与巍巍太行，他更中意何者。令我们意外的是，他似乎对两者有着独到的见解：“我自己从小的生长环境是大海，第一次去爬山，到达顶峰时我眼界大开，这海拔一千多米的太行山脉简直跟波涛汹涌的大海突然凝固的样子一模一样！气势宏伟，博大酣畅。”师兄跟我们说，山与海其实是同质的，无非一个是静的，一个是动的，不过内心都是火热的，很像性格迥异的志愿者们。

同样的一片山壑，二十年来一批又一批的志愿者们一直在用相同的信念默默守护着她，而正是这同一片山壑，给一代又一代人留下了各自不同的青春回忆。刘奇耀临走时跟我们说，太行山夜晚的星星和大山的气息，会让人永远想念着那段日子。

淳朴人情

初进灵丘的刘奇耀，回忆是从灵丘火车站开始的。他说："当时到灵丘时，已经是夜里两点钟。来迎接我们的老师和同学，一见面就忙着帮我们搬行李，当时就感到自己肩上沉甸甸的责任。"

聊起印象最深的人，刘奇耀首先想到的是闫老师："他当时快60岁了，瘦瘦长长，穿着中山装，头发不很整齐，像鲁迅先生一样竖起的。"他说，闫老师是学校里资格最老的"副教授级"教师。讲起与闫老师的相识，他至今仍记忆犹新："有天早晨我从他家门口路过，闫老师招呼我进了他家。师母很热情地给我盛了一碗从未见过的焖面。闫老师说，可能会不习惯，不喜欢吃可以剩下。我连连说喜欢，他一直看着我，等我吃完了，他嘿嘿一笑说，看来你说的是真话，不然这一碗是吃不了的。我当时就在想，哦！原来他是用这种方式观察我啊！"

与闫老师和师母相处久了，刘奇耀经常去闫老师家里做客。三个人围坐在炕上，或聊天，或看电视。师母总会拿出一碟瓜子或者炒豆招待他。"师母很愿意跟我说话，可是她的方言很难听懂，这时候闫老师就用他独特的国语当起了翻译。"他一边说着一边笑了起来。"有时候他会出去忙点农活，回来时从中山装口袋里摸出两个青皮核桃给我，一脸高兴。"

用刘奇耀的话说，灵丘人民是非常朴实的，他们用自己特有的方式表达着对支教队员的关爱。的确，大山深处的美景不光花花草草，日子久了，这些扎根在大山的淳朴让每个支教队员都感受到真切的满足。他们没有什么特别动人的话语对你说，但是他们总会给你一些感动。

简单师生

赵亮文笔很好，支教一年写了不少的文章。他的每一篇随笔都或多或少提到了他的那群孩子们。"大山里的孩子就像这些大山里的野花，也许他们不是那么优秀，不是那么乖巧，不是那么美丽，但他们同样是这片土地养育的精灵，他们有着同样的纯朴，有着同样的执著，有着同样的春天，有着同样简单而真挚的梦……"念起这些随笔的时候，赵亮脸上露出一点不好意思但又有些开心的笑。

刘奇耀曾经从家里带了许多精致的小贝壳。"他们的手很巧，钻了小孔，穿上线就挂在脖子上或者手腕上。”他提起学生时的那种赞赏让人很舒服，又让人有着一点的羡慕。回忆起课堂，禅味的普陀和传奇的桃花小岛总能引起孩子们浓厚的兴趣。“也许因为我是他们的老师，我就变成了大海在他们心里的具体。”

我们总以为是大山圈住了一群孩子，其实都市也圈住了一群青年，当他们不带有任何复杂的理由遇见了对方，在最自由的大山深处，彼此之间，本身就是最脱俗的一幅美景。支教团成员们并没觉得自己为孩子做了什么了不起的事。四月份的时候，一位初三的学生送给刘奇耀一双精绣的鞋垫，上面绣着“一帆风顺”，说了声“刘老师，送给您”就跑了。刘奇耀说：“能跟他们生活一年，不是他们的幸运，而是我的幸运。”

也许你目睹过很多的美景，却发现脑海里其实也所剩无几，旅行就是这样一件事，清爽自在，但留下的记忆总是难免潦草，没有生活的厚重感。支教可能从来都不是一件简单的事情，生活的真实和不易也会一点点磨掉一个人的热情和不羁。但真实从来不是一件坏事，他让你的记忆沉淀成回忆，让你最想念的美景自然而简单——几点花草，一双花鞋垫，两颗青核桃。

（文/王晓嵩）

第十话|砥砺前行

“时间过得好快呀，一晃都十年了，但是晚上还是经常会梦到支教的那段日子，在梦里那些孩子们还每天都叫我老师，那些队员们还每天陪在我的身边，醒来后就像都是昨天发生的一样。”山东大学第十届研究生支教团成员丁鹏飞在日记中写道。岁月在如今已经而立之年的他的身上留下了痕迹，但是每每想到那段最好的年华，他都像是一个孩子，仿佛挣脱了时间的束缚，又回到了十年前的山西灵丘，又回到了那段条件艰苦但是充满欢乐和挑战的支教岁月。

中国的申奥成功像一颗炸弹，点燃了国人的激情，准备工作在有条不紊地进行着，鸟巢建设完成，水立方建设完成，火炬传递路线的讨论从国内蔓延到了国外，所有人都真切地感受到了中华民族前所未有的团结和强大。2007 年，包括丁鹏飞在内的很多同学心中最想的事情就是能够尽自己的绵薄之力为国家做些什么，研究生支教团的通知让他们看到了机会，那句“到西部去，到基层去，到祖国最需要的地方去”深深地吸引了他们，一大批山大人义无反顾地报名参加了山东大学研究生支教团。

在去支教前的 2008 年 5 月 12 日，汶川发生了特大地震，电视 24 小时不间断地直播抗震救灾的实况，举国上下齐心协力援助灾区，人民军队冒着危险修路搭桥，志愿者们一批一批地赶赴灾区。这让他们更加感到了自己的责任重大，祖国上下团结一心，成员们信心满满，在这不平凡的一年的 7 月，一群平凡的山大人踏上了支教之路，他们要在祖国最需要他们的地方尽情挥洒自己的青春年华。

和很多支教老师一样，刚到支教地的丁鹏飞充满了对未来工作的热情和向往，半年前的实习生活也让他对当好一名老师充满了信心。他在刚开始教书的日子里关注每一名同学，不断地向他们讲述城市的美好，大学生活的多姿多彩，希望每个孩子都能下定决心离开这里，去更远更大的世界看一看。但是，希望越大失望就越大，他发现不管他怎么去努力关照每个孩子，还是会有几个学生上课不听讲，课后不完成作业。当他尝试与家长沟通的时候，家长们也是一种无所谓的态度："我们家孩子就是读完了初中就出去打工，也没想过要上什么大学，老师您也就不要再操心了。""去支教的前几个月里我一直在反思，反思究竟是我的思考角度错了，还是方式方法错了。"他这样反思道。反思贯穿了他整个支教的生涯。在丁鹏飞看来，支教带给他最宝贵的财富之一就是自我反思的意识和能力。当他深刻地意识到他并不能改变所有人的命运时，虽然心中有不舍但依旧豁然开朗。他努力去帮助那些真正想要通过知识改变命运的孩子们，同时尽可能地教给那些不想读书的孩子们更多的知识和人生经验，让他们以后的路也能走得更平坦。

语文是丁鹏飞最爱的科目，在山西灵丘，他也努力成为一名普通的语文老师，他用文言讲述了在这段支教过程中最深刻的回忆："师者，传道授业解惑也。道，承天师性谓之道；业，修身立命谓之业。故师者，任重而道远。道先于业，立三观而后修术。支教，时短，传业尚不足，道何堪言哉？于诸弟子，启其奋进图强、革命之志则善莫大焉；于己，静心沉修，去浮躁夸大之心，观人生境遇之异同，不宜妄自菲薄，不宜傲然视物，可谓有些许心得。匆匆十年已逝，难忘学生纯真，想念老师无微不至。最深刻者，乃半山之上，冬日暖阳敷照，余领学生咏诵《岳阳楼记》一幕。不以物喜，不以己悲，尚记否？几人几时持此心？"

在丁鹏飞心中，他的支教生涯真的没有什么事情能够成为困难，虽然条件艰苦，但是队员们住在一起，每天开开玩笑，谈谈心。当地的老师们也给了他们很大的帮助，知道他们是从城市过来的大学生，都从自己家里面拿东西帮助他们，无微不至地照顾他们。对于丁鹏飞来说，除了与学生们的深厚感情外，还结识了一群一起支教的志同道合的朋友。

这一年的支教生涯在他眼中，如果用一个词来总结的话就是"终生受用"，这段经历对他个人性格养成和对社会的认知起到了很大的作用。"老师是一个良心职业，不在于学识多高，而在于是否用心，在于是否认真思考了，是否认真倾听了别人的意见和自我反省了。"

山东大学研究生支教团是他生命中不可或缺的一部分，是他人生中灿烂的一笔。研究生支教团一代代的传承，一批批的新鲜血液的注入，让这个他最爱的组织充满了活力与生机。这种薪火相传的精神感动着他，感动着后辈们，也必将感动更多的人。

（文/王润治）

第十一话|筑梦之旅，你我共行

又是一个星期一。新的一周即将开始，在山西省灵丘县下关乡下关中学正有一批山大人驻扎在学校里，有些工作的疲惫，但更多的是对新一周工作的期待和对暂别几日的孩子们的挂念。

上课铃响了，执教七年级语文和地理的汤杰进入课堂，却意外地发现了王宇(化名)没来。“或许是周日睡晚了，今天才迟到了。”汤杰心想，希望孩子可以早点到达。

时间过去了几个小时，王宇依然没来。汤杰心中有些着急，但苦于无法直接联系到孩子及其父母，只好先向王宇的同学打听。“他家离这儿可有点远。”“对啊，听说得走几个小时的山路才能到达。”听到这儿，汤杰心中有些触动，孩子们平时不讲自己上学的艰辛，每天准时到达是他们对学习最真诚的告白。

一天过去了，王宇没有出现。

两天过去了，王宇还没有出现。

三天过去了，王宇依然没有出现。

汤杰等不住了，决定到王宇家去看看，核实一下到底是出现了什么问题。在其他老师和老乡的帮助下，汤杰一行人踏上了家访的旅程。路很泥泞，漫漫长途，走在王宇之前每天都在往返的路上。汤杰想，王宇每天上学下学都会想些什么呢？是什么支撑着他来来回回走着？他一个人孤单吗？他觉得他的这些付出值得吗？

汤杰不知道，他想到了很多，在四川省凉山彝族自治州昭觉县支尔莫乡海拔1600米的山顶上，有一个名为阿土列尔村的“悬崖村”，这里的孩子，为了上学，练就了一身攀山越岭、飞檐走壁的本事；湖南桑植县土家族聚居的张家湾村，生活在这里的孩子出门上学，需要攀爬一段几乎垂直的“天梯”；曾几何时，云南福贡县马吉乡的孩子，天天都要以飞索渡江的方式，穿越波涛汹涌的怒江……除了这些非常艰苦危险的旅途，还有更多的孩子面临来回几个小时的山路，这对于成年人来说都是很大的压力。

很多人可能无法想象如此漫长的上学路，城市里的孩子上学都是父母车接车送，就算是需要步行一般也就是在半小时以内；如果太远，家长们就会想办法，坚决不让孩子们受累。但是山里孩子的父母就不心疼自己的孩子们吗？当然不是！只是没办法。家里的农活太重了，家里的孩子太多了，长辈身体不好……阻碍实在太多。但是孩子们依然克服困难，每天风雨无阻前来上课。是什么在激励着他们？是读书，是知识，是希望走出大山看一看外面的世界。很朴实的愿望，需要很大的勇气和顽强的毅力。孩子的童年本该是无忧无虑、自由自在的，他们却太早承担了一些家庭的责任。

汤杰想到了孩子们上课时对知识孜孜渴求的热忱，想到了孩子们遇到难题时抓耳挠腮的困惑，想到了孩子们因为家庭问题低头向老师们请假的遗憾，想到了孩子们一笔一画认真书写的家庭作业，想到了孩子们在教师节那天带着腼腆和微笑送上的小花和手工礼物，想到了孩子们见到老师就会认认真真喊着“老师好”的热情……汤杰想到了自己支教的初心：只要我能帮到孩子们一点，就够了。

路很长，终于到达了王宇家。房子装修得很简朴，并不大。王宇的父母非常热情地欢迎老师们，纷纷倒好茶水。在短暂的问候之后，汤杰开始询问王宇不来上学的原因。他的父母一开始不愿意开口，后来才说出了实话，王宇星期一去上学的路上丢了100元书本费，到处都找不着，只好回家了。他们觉得孩子也大了，不用再读书，就待在家里一起帮帮忙。

100元意味着什么？有些人可能会觉得是八杯奶茶，五碗芋圆，两次聚餐，这么看好像并不多，但对于王宇他们家不是这样的。

100元，轻飘飘的一张纸，却压垮了他的学习梦想，折断了他飞出大山的翅膀。

汤杰一行人一时不知该说些什么，没有人有权力随意决定他人的人生，也不能不考虑他人的实际情况提出理所当然的要求。但是他们还是耐心地与王宇及其父母谈了谈学习的重要性，知识才能改变命运。很多时候，不是孩子们不想学，而实在是没有条件学，但是只要有可能、有希望，就要努力抓住这个机会。

王宇及其父母思虑再三，决定还是让王宇继续读书。听到这个结果，汤杰和其他老师都喜出望外。

“书山有路勤为径，学海无涯苦作舟。”生活顺遂的人们可能无法理解这句话真正的内涵，“勤”能有多“勤”？“苦”能有多“苦”？当你知道孩子们字迹工整的作业是在昏暗的灯光下写成，只因为老师在课上要求每个笔画都要写清楚;当你质疑学校早上八九点才上课有些晚,但其实有些孩子早上5点就已经起床独自穿行在山间的小道;当你惊讶于孩子们有些拼音不会读、有些基础的英语单词不认识,其实是因为他们从小能够获得的教育资源有限——在你的心中,除了心疼,更多的是敬佩孩子。他们有梦想,所以他们宁愿每天来回走几个小时的山路来好好学习;他们有诚心,克服困难认真书写老师们布置的作业;他们有虚心,求知若渴,孜孜以求。

每一个支教老师怀抱初心和孩子们朝夕相处,不贪不求,人生很长,只希望在和他们短暂的相处时光里,可以用自己的努力让孩子们变得很好。每个孩子都有自由翱翔的翅膀,只是有的时候负担太重,飞得太慢。如果这时有人可以在下面支撑,他们一定会飞得更好、更远。

支教到底意味着什么?

你有一片海,我只有一个湖。

你说你想要,我说只要你好。

(文/孙　萌)

第十二话|山大精神

“东临黄海，南望泰山……”这是那年21岁的张长国时常回响在脑中的歌词旋律，他是山东大学第十二届研究生支教团的成员。2010年来到山西的这座大山里，怀着梦想和热血，扎身在方圆几公里内几乎没有人烟的平型关寄宿制学校里，一下子就是一年。

“如果要我形容这一年，那就是无悔、奉献。”张长国说道，“我常常听父母、亲戚说，去支教多苦、多累……我知道支教的生活条件真的不好，但是我的精神、灵魂却受到了极大的丰盈，我从未想到我的生活能变得如此有意义，我感觉自己是一个对社会有用的人。”

在距离母校山东大学603公里的山里，张长国也常常回忆起那个在济南南外环上的校园，他说，那是一个充满阳光和智慧的人文花园。他记得校门口右手边的小山坡，那个地方的春天总是稚嫩的，可爱的小草会从土里冒出来，然后夏天草坪会变得墨绿、成熟，秋冬之际它们会消失、干枯。在这片绿色的更替里，他成长了四年，然后来到这里，从山东的小山里来到山西的大山里，从一个山大人变成了大山人。

“我在学校的时候，最喜欢在周末的时候登高望远。现在我也喜欢，就是登得更高，看得更远了。”张长国把这次支教看作是自己的第二个起点，这次支教改变了他很多。

“之前做学生的时候，总是迷茫，知道自己在学知识，可是对未来还是有一点畏惧。在山西灵丘待了一年之后，我对以后的生活看得开了，生活再苦、工作再难，想想大山里的孩子们，想想大山里辛勤付出的老师们，其实我们幸福多了。”

这2010年的300余天，每天张长国都在数着手指头过日子。一开始的时候，他是等着过完这日子，等着回到山大的怀抱；后来，就变了，他觉得离不开这些孩子们，孩子们也离不开他。

“我要是走了，这些孩子的数学怎么办啊！”

可是离开的日子终究还是到了，就算再怎么依依不舍，天下终归还是没有不散的宴席。张长国相信自己已经把山里孩子最稀缺的东西教给他们了,“学无止境,气有浩然”的精神已经深深地埋入了孩子们的心中。他相信,总有一天,这些孩子们会变得比现在优秀,会成为国家栋梁。

同样,和张长国一起的孙惠燕也是感慨万千。当时她教的是八年级英语,作为山东大学外国语学院英语专业的一名学生,教学对她来说既熟悉又陌生。英语对她来说再熟悉不过,可是当老师对她来说就有些陌生了。

“当时是第一次当老师,没什么经验。每天都要备课、批改作业,我们也都坚持自己做课件。同时因为那里孩子们的家庭条件都比较特殊,要额外地去多了解一些家庭情况,多跟孩子以及孩子的家长沟通,所以每天都还挺忙碌的。”零下十几度的冬天里,孙惠燕也是忙碌的,但是幸好,她面对的不只有凛冽的寒风,还有教室里几十个充满热情的孩子们。

山西灵丘平型关寄宿制中学是上十天课放四天假,两个周休息一次。在休假的这四天里,没有学生,只有研支团的这四个人,还有的就是连绵的群山和偶尔路过的飞鸟。止不住的思念总是会在这个时候从心里跑出来,对家人、对山大的想念仿佛绵延了方圆几里,可是这里是真的偏僻,这个时候也只能把思念说给大山听吧。

但是,孙惠燕从来没有后悔过自己来支教的这一个选择。“我觉得支教的这一年还是让自己收获了很多,成长了很多,非常有意义,因为我觉得支教团的成员们真的可以改变当地一些孩子们的人生轨迹。像我们支教的那一届学生,应该有很大一部分孩子都考上了高中,然后上了大学。我的学生还有很多经常跟我联系的,他们都发展得很好。如果没有我们这些人的话,他们可能没几个考上大学。我们支教真的让他们从大山里面走出来了,这是一件很有意义的事情。”

除了教给孩子们文化知识,孙惠燕也常常给孩子们讲山东大学,她回忆道:“我无数次地给孩子们讲过山东大学,发过明信片,也讲过PPT,孩子们都非常喜欢我们学校。”在小树林里,秋日落叶飘飘然落下,在地面上铺了一层金黄,一脚踩下脆脆作响;在洪家楼旁,一家家美食店里弥散着浓郁的香气,结束一天的课程后结伴去品尝小吃;在千佛山下,夕阳西下时橘黄的暮色映照在山头,形成一幅诗意盎然的水墨画;在趵突泉边,淙淙流水常见红黄相见的鲤鱼,宛如珍珠的水泡纠缠在水草边,古色古香的建筑来往着穿白大褂的学生们……她记得,她都记得。

在孙惠燕心中,学校带给一个人的影响是潜移默化的,很难一下子说清楚、说明白。可能就是做人做事、举手投足之间的那种低调、内敛、含蓄。这想必就是我们口口相传的山大精神。

现在，已经研究生毕业的孙惠燕在北京师范大学附属中学当英语老师，这次支教让她喜欢上教师这个职业。现在，她也在继续自己的教书生涯。

是啊，每一个山大学子心里都有一个山大，他或是谦逊与沉稳，或是宽厚与包容，抑或是磅礴与威严，但永恒不变的是那股一直伴着我们学习成长的浩然之气。他在潜移默化中影响着我们，改变着我们，不论我们在哪个行业，不论我们做什么事情，总是这样的。

张长国是这样，张惠燕是这样，我们也要这样。做学生，当以学为先，勤奋刻苦；做老师，当言传身教，谨言慎行；做科研，当兢兢业业，知行合一。

我们是山大人，秉山之魂，持海之魄，怀着质朴的胸怀，向着未来，进发！

（文/王子煜）

第十三话|漫山萤火

“远处餐厅里的师傅已经开始忙碌着早饭，透过雾气缭绕的玻璃看到黄色的灯泡发出温暖的光，让人不禁想到今天早上可以吃到些什么……”山东大学第十三届研究生支教团成员王伟在回忆录中这样写道。此刻她正站在平型关学校早上5点半零下30度的操场上，又冷又暖。

跟大多数的支教大学生一样，王伟在上岗之前也完全不知道自己面对的将是什么，也许是心血来潮，她在刚刚见到校长的时候就提出要做班主任的要求，却全然不知自己将要挑起一副怎样沉甸甸的担子。

刚刚上任的日子让人焦头烂额，入学分宿舍，她就感受到了初中孩子们的叛逆。当她给一个孩子递上纸笔要求他写下自己的名字，孩子却画了一个圈时，她的支教生活竟然是以自己怒气爆发为始的。接下来的日子，是孩子们的成绩糟糕到一塌糊涂，学生由于种种原因接二连三退学，青春期少年因早恋等问题状况百出……

当被问到最开始那一个月过得怎么样时，王伟讲，日子还是一如既往，她仍在手忙脚乱地应对着各种工作。王伟在回答自己是怎样坚持下来的时候，她半开玩笑地讲，在那里，她很忙但很充实，更重要的是，她人生第一次感到自己对于别人来讲很重要。

日子就这么一天天地过，她每天还是会遇到各种琐碎的事情，自己也常常会疲于应对，但沉甸甸的责任挑了起来就不能再放下。她习惯了各种层出不穷的问题，同大多数的支教志愿者一样，试图在一年的时间里去影响一批孩子的思想，去改变他们的人生理念和人生轨迹。李全(化名)开学不久便辍学去了太原打工，端午节时王伟收到了他祝福的短信。她对李全说，打工太累就回来上学吧！李全却告诉她打工更好。同样，连劲(化名)去了北京打工，回到学校也一副见过大世面的样子，丝毫没有后悔之意，反引得同学们一阵艳羡。几个孩子的流失，很长时间里都是王伟的一个心结。连劲与李全这些孩子的经历也让周围的孩子甚至是他们的老师开始疑惑：读书上学究竟有什么用？在这样一番挣扎之后，王伟渐渐明白，自己能力确实有限，无法改变每一个孩子。但她仍旧坚持着不放弃每一个孩子，除了自己无法挽留的连劲与李全，也会有在学业上突飞猛进的杨泉（化名）、李圣（化名）等同学。

当老师尤其是班主任，总免不了会遇到孩子们各种各样的问题，但正如王伟所说："当老师最幸福的事情，不是看到自己的学生有多么多么优秀，成绩多么多么好，而是看到自己学生的进步，看到自己投入的心血一点一点有了成效。"也许也就是在那个时候，王伟才发现那初冬寒冷的清晨中，餐厅里的灯光是那样让人心暖。

也许当年从山东大学第一次赶赴山西时，王伟不会想到会有那么多刻骨铭心的事情在等着自己，更不会想到真的会有好多孩子刚刚踏进初中的校门就毅然离开；她也不会想到，自己在一年后离开时，却发现自己早已属于那里的群山，舍不得那里的一切，无比怀念寒冷冬日凌晨餐厅里温暖的光。

同一届在山西支教的还有齐乃鑫。与王伟不同，他从另一个角度向我们讲述了支教的生活。齐乃鑫支教地为灵丘县下关中学，即使去支教的时候已经是2012年，但山村里的学校条件依然非常艰苦，一间宿舍里有一张上下铺的床和一张炕却要挤下四人，冬天也只能自己生炉子取暖。从条件还算优渥的山东一下子来到条件相差悬殊的山村里，齐乃鑫他们除了完成日常的教学任务，还把很大的精力投入到对当地教育教学环境的改善上。

在谈到对支教地环境的影响时，齐乃鑫非常自豪地向我们讲述着自己的成就。一年的时间里，他们通过接收安利的爱心资助，筹划着向当地的学生发放助学金；在此同时，他们还筹资为学校首建了图书馆，为食堂购买了冰箱、消毒柜，为学校购买了打印机以及大量的体育教学器材及工具。他们利用自己的工作之余，对这个以后可能与自己毫不相干的学校倾注了无限的精力，孩子们不再担心自己的学费、生活费了，食堂的菜变新鲜了，学校教学资源更丰富了，周围的一切因为他们而焕然一新，他们却依旧守着那破旧的宿舍与火炉，无怨无悔。

放弃了假日，他们参加央视《社区英雄》公益节目，获得25万元公益基金；充分发挥自己的山东大学志愿者的优势，联系母校山东大学帮助当地三个学校建立"飞翔的梦想课堂"，为三所学校安装多媒体设备，搭建多媒体线上学习平台。

"支教人员在小小的山村中，一举一动都会成为当地师生村民的焦点。积极向上的言行、文明端正的举止，都会在潜移默化中成为学生的榜样以及村民教育自己子女的标准。"齐乃鑫他们正是秉持着这样的信念，敢为人先，以茕茕之火点亮漫漫长夜，用自己一年的青春，给周围一个个小小的山村带去了无限的生机。

无论是在平型关学校里整日为班里学生的各种琐事忙到焦头烂额的王伟，还是在艰苦的环境中仍咬牙为改善教育教学环境而尽心竭力的齐乃鑫，他们也曾有过彷徨，甚至可能会在某一瞬间自己的意念几近崩塌。但那最初支教的信念，或是想去改变孩子的人生，或是想去改变教育大环境，无论被现实怎样地摧垮，却仍像那大火后的余烬，一旦有风吹过，便又能成为熊熊烈火，席卷着漫漫黄土。

一代又一代的支教人，就如点点星火，散布在属于这片黄土的历史长卷上，让更多世居于此的孩子循着这点点星光不断前行。

（文/董乃舟）

第十四话|最是难忘一瞬间

"《山行》,杜牧,远上寒山石径斜……"朗朗读书声唤醒了太行山中的清晨。绵延的群山中,方圆数里孤零零的建筑,在这料峭的寒风中显得十分寂寥,这朗朗书声便象征着温暖和希望。每年都会有山东大学研究生支教团的成员来到山西灵丘,他们在平型关、上寨和下关的学校里教给孩子们知识,陪伴孩子们一年的成长。

窗外又定时传来列车的鸣笛声,车灯拖着长长的轨迹走得飞快,日复一日的景象,研支团的成员们却依旧觉得格外迷人。

逄晓琳在上寨中学教初四语文和历史。上寨海拔很高,冬天很冷,空气也很好,在冬日的夜晚看星星是她在山西最爱的事情之一,她曾激动地说:"我从来没看到过那么多星星! 那些星星又大又亮!"在济南没有看到美丽的星空,而上寨满足了她小小的愿望,这些闪亮的星星照亮了她在山西的每一个夜晚。

刚到山西不久就是中秋节了,几个队员本来都没有过节的打算,谁知班上一个女生邀请他们去家里过中秋,队员们便欣然答应。女生的父母很是淳朴热情,给研支团的老师们准备了两荤两素四道菜,还准备了自己亲手做的月饼,是个头很大的五仁月饼。学生无意间说了一句:"我们过年都吃不到这么好的饭。"说者无意听者有心,逄晓琳的心像是被什么东西扎了一下,一阵心酸,当时她便下定决心,一定要能尽自己的绵薄之力好好教书、好好爱这里的孩子,让他们能快乐学习,也要让他们的父母放心。

逄晓琳到现在还和当年的学生保持着联系,感觉更像是朋友,他们苦恼的时候、开心的时候也都会和她分享。"感谢他们对我的信任,也感谢这一年的经历,认识了支教团的兄弟姐妹和上寨中学的老师同学,这也是我的一份特别的牵挂。"

商琪回忆起在平型关的第一节课时仍记忆犹新。她教七年级英语,第一节课时间很紧,又一直没有拿到教材,于是她便打算第一节课跟学生们熟悉一下,给每个学生取一个英文名字,取好之后随机抽几个学生上台介绍自己。“有一个小男生上台之后紧张得说不出话，我搂了搂他的肩膀，明显感觉到他抖了一下，然后看了我一眼。看到那个眼神的一瞬间，我便下定决心一定要教好他们。”

商琪和队友们觉得孩子们课余生活特别匮乏，于是在人人网发动周围的朋友给孩子们买了些彩笔、彩纸、橡皮泥等，将下午的两节课调整成了手工课，教孩子们做手工，并且让孩子们到讲台上把自己的作品展示给大家。“经过了锻炼，孩子们比之前自信开朗了很多，让我很骄傲。”

同样在平型关教学的张丹潞回忆起最难忘的瞬间，便是送考生进考场了。张丹潞教初三化学课，也是学生中考中非常重要的一科，她也非常有压力，盼望着学生们能够取得好成绩。中考前一天，张丹潞和其他初三的老师们一起将学生们送到考场。“目送着学生们进入考场，我一个一个地和他们告别，因为这天之后我的任务便完成了，以后再也没有机会给他们上课了。”其实，不光是和学生们告别，也是和作为支教老师的自己道别，之后的张丹潞将回到山大，继续做山大的一名学子。张丹潞说：“在支教过程中我体会到了老师的艰辛与不易，这一段经历会一直陪伴着我，让我能够成为更好的自己。”

塞北的清晨，寒冷得让人不愿离开温暖的被窝，每天早上都是在孩子们响亮的口号中艰难地睁开迷蒙的双眼。李志强说：“有时会很怀念大学里那种一觉睡到中午的感觉，不过现在，也就是怀念了。”在这里，远离了城市的喧嚣的同时，不知不觉也远离了年少时的浮躁。起床，吃早饭，上课，下课，批作业，备课……生活突然变了，看起来少了那么多的精彩，时光仿佛退回了上高中的那会，三点一线……不过，李志强的身份由一名学生转变成一名光荣的老师。每日上午是同样的时间，同样的面孔，讲着不同的课程，在点点滴滴中慢慢地将课本一页页翻过。

这天午饭时，李志强去找隔壁的队友，却意外地发现队友并不在教室。这时，一个学生跑过来说：“数学老师！英语老师找你去打印室。”去了才发现，原来破旧的打印机又罢工了，研支团的四个人又成为了最后去食堂的人。食堂离教室不远，每天吃饭的时间很短，却成了他们四人最开心的一段时光，他们会聊很多东西，但是他们不再聊 NBA，也不再聊 DOTA 了，他们会聊今天某个题讲了一节课孩子们也没听懂，哪个孩子上课又睡着了，哪个孩子背单词又错了好几个，哪个孩子又生病了，哪个孩子还没有来学校……于是，他们四个又成了最后一批离开食堂的人，却有意外的收获——食堂多了一只可爱的黑猫，队员亲切地抚摸着它，温暖的阳光透过窗洒下来，映着他们的脸庞，一切都如此唯美。

冬至的这天，大家商量好，一定要想办法吃一顿肉饺子。李志强便自告奋勇地打包票，下午给大家弄饺子来，让大家好好吃一顿。说得简单，买饺子却是很难得，要步行半小时，才能到附近的村子里买到。收拾妥当，李志强便戴着手套出发了，一个人的路途总是有些寂寞的，路两边的青山早就随着冬季的到来变得光秃秃，还好，午后的阳光很温暖。他想起上次煮饺子，还是山大的老师来学校安装"飞翔的梦想课堂"的设备，给老师们煮的早饭。

回忆起这一年的时光，李志强坦言："生活确实有些单调，但是我却不孤单，身边有着我亲爱的队友，有着关心我们的老师、同学们以及这样一群可爱的孩子，他们总会在不经意间给我温暖，给我意想不到的快乐。曾经以为，一年会是很久、很长的一段时光；我现在明白了，一年很快，眨眼间就会从平淡中流过，所以我感谢你们，让我成长，让我的人生变得完整，让我重新再经历一次那已经逝去了的13岁。"

"用一年不长的时间，做一件终生难忘的事。"研支团成员们常常说起这句话。窗外列车的鸣笛声还在回响，太行山上的读书声依旧朗朗……

（文/刘玫苑）

第十五话|从“新”出发

“从前的日子都已远去，我来到这片土地，我已决心去奉献，建设这大美伊犁。第一次站上了讲台，第一次拿起粉笔，第一次备课到深夜，辛劳化成了汗滴……”这是山东大学第十五届研究生支教团新疆队成员在伊犁参加文艺汇演时改写的歌词，这也是研支团新疆队所有成员支教生活的真实写照。

2013 年 7 月，山东大学第十五届研究生支教团新疆队成员陈纪旸、于新九、曲仪、袁鲍蕾、陈临沛等七人作为新一批西部计划志愿者开辟了新支教地——新疆伊宁县第二中学，开展了为期一年的支教工作。

服务单位确定为伊宁县第二中学后，队员们的新家安排在县城杏乡花园小区，平时上班、吃饭问题可以在学校食堂解决，偶尔也到学校附近的餐厅就餐。陈纪旸经常到学校附近的尤努斯快餐厅吃拌面，老板是回族，老板娘是维吾尔族，都非常热情。每次他的自行车还未停下，老板娘便笑脸相迎地站在门口了，同时嘱咐上小学四年级的儿子给他端上放有冰糖的茶水——用筷子搅匀后喝到嘴里甜甜的。喝习惯了，以后每次泡茶的时候，陈纪旸也喜欢放点冰糖。

这一天，陈纪旸和于新九到这家餐厅吃饭。等面上桌的时候，老板娘的儿子跑过来和他们搭讪，问他们自行车的码表是否准确。陈纪旸便建议他骑上车感受一下。小家伙高兴地答应了，陈纪旸帮他调整好座位高度后他就骑着车出去了。这时，老板娘用不太标准的普通话对陈纪旸说：“不好意思，我们的儿子老麻烦您。”大约两分钟后，他们要的韭菜牛肉拌面就做好了，加面的时候老板娘又给他们多加了一个煎蛋。颇有吃货本色的于新九打趣地跟陈纪旸说：“跟着你沾光了，我来只给一个煎蛋，跟着你来却可以多吃一个，太棒了。”

陈纪旸知道，这是因为老板娘的儿子骑了他的自行车后的“礼尚往来”。

他每次到店里吃饭都可以享受到如此待遇，也许是老板娘知道他是支教老师的缘故吧！起初，吃完饭结账的时候陈纪旸故意多给了两元钱，可还没走出餐厅门口，老板娘便将那两元钱塞回到他手里。

骑着自行车回家的路上，陈纪旸突然听到有人喊他“小陈”，回头一看，原来是楼下商店的老板。她特意告诉陈纪旸，他预订的东西到了。前几天，陈纪旸想在商店买点牛奶和火腿肠作为晚上加班的宵夜，当时老板告诉他没货，进货时愿意帮他带一箱，并按成本价收。陈纪旸觉得不好意思，想多给些钱，老板非常坚决地拒绝了，她说：“你们不远万里来我们这儿支教，我们应该谢谢你们。”

陈纪旸后来在日记里这样写道：“他们都是做小本生意的人，他们的淳朴和善良深深地感动着我，我一定会努力工作，把这种感动转化成感恩，通过努力工作来感谢他们的热情和热心。”

五年后的今天，袁鲍蕾回想起在新疆的那一年时光，仍然觉得十分珍贵。作为第一批前往伊犁支教的本科毕业生，说不紧张是不可能的。毕竟一直在象牙塔的庇护下长大的孩子们，刚刚毕业就要赴千里之外的陌生城市生活工作，还是人们印象中偏远荒凉的西北城市。“但是作为研究生支教团的一员，我们所代表的不仅仅是山东大学，对于当地的学生来说，可能更是代表着他们的梦想。”

袁鲍蕾所教的学生是高中生，而作为一名刚毕业的本科生，她认为支教团并不十分专业的教学工作无法很快地提升学生们的成绩。她觉得他们能带去的是对孩子们精神上的激励，让孩子们对大学、对未来的生活充满向往。

谈到她的学生们，袁鲍蕾觉得特别让她感到骄傲的是，离开伊宁县第二中学那么多年，每年教师节都有学生在微信上发信息祝她教师节快乐，有维吾尔族的、哈萨克族的、回族的、汉族的，等等。孩子们会一直记着有这样一群老师，他们也是年长一点的哥哥、姐姐；他们来自远方，用一年不长不短的时光和他们一起长大。

在新疆印象最令人深刻的除了学校的工作外，还有就是那一年有意义的生活。“那年即将离开的时候，我坐在伊宁县的小广场，就那么静静地看周围来来往往，觉得自己好像就是一直生活在这里的人。”袁鲍蕾说，“县委组织部前面的'姐妹'早餐铺最好吃,菜市场靠边那家大姐卖的菜又便宜又好,红领巾辅导班的小朋友们今晚该出考试成绩了,明天得去学校再把精神文明档案整理一下……那天在小广场真是又哭又笑。"分离总是悲伤的,那段时光仿佛就在眼前,点点滴滴都无法从记忆中抹去。

开辟新支教地是一项艰巨而光荣的事业。五年前,学长学姐们怀着憧憬与忐忑的心情来到新疆伊犁。在这里,他们带着一颗奉献西部的赤诚之心,把知识的火种播撒在伊犁,把爱的火炬传递给莘莘学子。五年后,伊宁县第二中学的支教之火还在燃烧,每年都有带着相同愿景的青年来这里撒下希望的种子。

(文/吴　航)

第十六话|有梦不觉天涯远，一言一行总关情

“山东大学研究生支教团”的名号里承载着这个集体二十余年的奋斗与青春，每一个研支团的队员都希望可以接过前辈的接力棒，把这份但求付出不问回报的责任和用奉献开创的局面坚守下去，把优良的传承化为一种习惯。

传承并不只是某一届支教队员的事情，更是支教团这个大家庭中所有人的事，这个大家庭中不止每一届支教团成员内部很团结，历届支教团成员之间都有着很好的感情。新一届支教团组建成立之后，所有人在学校接受了一系列培训，这期间就有往届的支教团成员们来座谈，给大家讲当地的风土人情，告诉大家教学上的经验，很大程度上消除了大家对支教的迷茫和陌生感。

程广沛回想起当他们经过一年支教团的全方位培训后上岗时，当他们千里迢迢第一次踏上新疆这片土地，是往届的支教团成员在迎接他们，一路把他们送到支教地，看着他们逐渐适应当地生活。这一次，他们变成了支教老师，成为进入社会打拼的青年，成为呵护西部孩子的老师。不变的，是已经流淌在血液里的山大精神；不变的，是与四年前怀揣梦想初入山大时相同的憧憬；不变的，是和为了梦想而来的山大学子一样，为了西部孩子的梦想挥洒青春！

钟亚妹回忆到，在正式拿起粉笔前，她给自己做了长达一年的心理工作，暗暗告诫自己：从此我将是一个学生眼中端庄严肃型的传道授业的老师，要兢兢业业地把我会的知识都尽量浇灌给他们，要帮助他们茁壮成长，要带给他们大都市繁华的新鲜感，要把世界的美景都捧给他们。

然而，当她渐渐走上课堂后，她发现自己能达成的，其实很有限。

回忆当时，有很多忍俊不禁，也有很多不堪回首。关于教学方面，钟亚妹在适应了两三个月的教学生活后，迅速调整自己，向经验丰富、业绩突出的老教师看齐，备课以照顾好所有水平的学生为目标，在课堂上克制自己、限制自己，以完成每节课的既定计划为首要任务，然后才去想着延伸，终于在教学上取得了一定成果。让学生把该掌握的知识先掌握了，跑好了中华

历史的第一棒,为接棒教师扫清前行阻力。

前往新疆支教过的队员们都怀念新疆的美丽富饶,怀念少数民族同胞的朴实热情,怀念参与学校军训和运动会的一丝不苟,怀念下班后前往红领巾爱心辅导班辅导小学生的披星戴月,怀念参加西部计划志愿者的志愿服务活动,怀念服务杏花节的美好瞬间,怀念完成“乡望”公益项目的满满收获,怀念习惯了欣赏10点落山的夕阳,还有当母校团委的老师来看望他们时他们重新见到亲人的感动。

他们为梦想而去,将个人的理想与社会期望、山大的精神与祖国需求紧密结合。时刻不忘自己是一名山大学子,谦虚谨慎,崇实求新;时刻不忘自己是一名西部计划志愿者,奉献友爱、互助进步;时刻不忘自己是一名支教老师,传道授业,孜孜不倦。作为支教教师,他们只是占据了学生十几年学习生涯中的一年,是他们知识的引路者、人生的陪伴者。在他们到来前、离开后,会有人不断地扮演着这个角色。他们以能承接上学生们的前后知识生命为主任务,而后才能有更多的理想,乃至梦想,带着孩子去看知识的盛景,看世界的美景。一个人的力量是微小的,如果能够在一个孩子的心底种下一粒求知的种子,哪怕只有一个孩子能够因为自己的到来渴望看看外面的世界,他们觉得自己的付出便无悔了。

程广沛说,即使到现在,他还受益于支教的一年留给自己的收获,那段美好的时光教会了他与人沟通相处,教会了他工作的原则和效率,教会了他做人踏实、做事靠谱,教会了他爱与责任。当他因遇到困难而裹足不前,当他因遇到不公而心生委屈,心底都会浮现出曾经教过的孩子们依依惜别的眼神,还有那一声声“老师,谢谢您”。将这些宝贵的精神财富收藏起来,抬起头,眼前又是一片光明。

山东大学研究生支教团一直流传着一句话:“用一年不长的时间,做一件终生难忘的事。”个人的力量虽然微乎其微,但是希望通过一届又一届的努力,让山大研支团的志愿精神在祖国西北落地生根,这将是大家一生中都引以为傲的事情。

(文/刘昱昕)

第十七话|忆往昔峥嵘岁月稠

毛泽东曾在重游故地时写下“携来百侣曾游，忆往昔峥嵘岁月稠”的感慨。由此可见，找到志同道合的朋友，一起从事一件有意义的事是非常美好的。这里有一群青年志愿者，怀揣着一颗赤子丹心，来到山西省灵丘县，他们经历了一年的支教生活，积累了无数感动人心的故事。

他们满怀热血，有志报国，希望以个人微薄之力回馈社会。选择支教，他们身体力行；坚持志愿服务，他们矢志不渝。

支教于山西省灵丘县上寨中学的杨国帅说：“我不标榜自己的决定是多么的高尚，我只是简单地想通过一年的努力，哪怕改变一个孩子，改变孩子们的一个想法，这都胜过这一年我去做任何事。”

上寨中学，坐落在山西省上寨镇上寨南村。这个寂静的小山村，即使现在用百度地图等先进的定位APP都需要费劲地寻找一番。但是，山东大学第十七届研究生支教团队员们正在这里做着一件有意义的事情——教书育人。

从2000年第二届研支团开始，一批又一批的山大人来到这个小山村，就这样坚持了十八年，从未间断。世上最难做的就是简单事情的重复与坚持，而山大人始终坚持入选支教队时的承诺，一届又一届地在这里奉献了他们最美丽的青春，留下了最美好的记忆。

杨国帅回忆起初到上寨的情况时说道：“当初我们刚到上寨的时候，面对完全陌生的环境，举手无措。不知道去哪能买到一块毛巾，也不知道邮局在哪。但是当我们走到街上，当地人听闻我们是来支教的大学生后，热心肠地帮我们指路，甚至给我们领路。言语举止间表露的是对我们山大人的尊重，他们经常挂在嘴边的一句话就是，你们能来这教我们孩子认字，我们谢谢你们!”

话语尽管没有那么华丽，却表达了他们对支教大学生的善意。这也是他第一次感到心安和踏实，甚至有那么一点点的成就感。但是杨国帅心里很清楚，这小小的成就感是曾为上寨服务过的前辈们，用他们一件件简单的事情、一天天普通的教学，用他们的汗水与心血换来的。因此，当他接过前辈的旗帜时,他深知应该以前辈们的高标准来要求自己。

谈到山西灵丘县与济南市最大的区别时,杨国帅怀念地说道:“在这里,我能感受到大山的气息,大山的情怀。夜晚这里有属于太行山最美的星空,让你看一眼就从此爱上它。”为期一年的志愿服务,留给人印象最深刻的是乡亲们的老酒、孩子们的笑脸和大山深处的宁静。虽然不舍、留恋,却依然要背起行囊继续前行。

每个地方都有它独特的人文环境和魅力,如果说山西是冬日雪松,闲适中带有远离尘世的静谧,那么新疆就是夏日篝火、热情洋溢,欢迎着远道而来的异乡客。

新疆伊宁县风景优美,那拉提草原的风光更是人间仙境。傍晚,夕阳暖暖地照在河面上,黄的草地,绿的树林,泛着幽蓝色的溪水翻滚出白色的浪花,让人流连忘返。

在这个充满异域风情的新疆,山东大学研究生支教团第十七届新疆队的成员们开展了丰富的公益活动和社会服务活动。李晓芳回忆时细数了他们曾参与过的各种活动:杏花节、“爱在五月天”集体婚礼、百人骑行等。支教队员们在新疆伊宁县的工作不仅仅包括教学,而且还参与团委、党建办的工作。每逢周末,他们就要积极参与当地的特色文化活动,促进汉族与少数民族文化的共融。

此外,他们还曾参与伊宁县农村青年思想生活状况的实地调研。在为期 10 天的实地调研过程中,由村团支部书记及山东大学研究生支教团成员组成的四组 16 人的调研队走访了伊宁县 19 个乡镇、100 余个村队社区,发放了超过 2400 多张问卷。他们深入基层,走访入户,奔波于大街小巷,克服了语言不通、路途颠簸、日晒雨淋等一系列困难,高质量地完成了调研工作。像这样的社会服务活动,几乎每周都会有一次。

李晓芳回忆道:“每天忙碌的生活让人很累,但是也很充实。有的老师称之为‘含着眼泪奔跑’,听着特别想笑,但这就是我们的写照。”自主自愿服务社会,已经成为了他们的习惯。

选择支教,不同的人有不同的理由。但是,一旦来到了支教地,大家都不约而同地全身心投入其中。无论遇到多少困难,他们都咬牙克服。把每一件简单的事情做好,就是不简单;把每一件平凡的事情做好,就是不平凡。

新疆伊宁队的张锐杰说:“我也曾踌躇满志,带着热情与激情来到了新疆伊宁县,来到二中,来到高三。在我看来,高三是无比艰苦的一年,高考也将会是人生的一次转折。为了不让更多的娃娃觉得苦、觉得累,我选择了高三;为了不让更多的高三娃娃痛苦,我选择了很多娃娃头疼的数学。我想尽我所能地帮助孩子们,使他们的高三更加顺利!”

于是,他开始下大力气探索课堂模式,力求为学生们呈现出更生动活泼的课堂,变枯燥无聊的数学为欢快有趣的头脑风暴。于是,他开始每天查午休,让学生能够以饱满的精神进入下午的学习;于是他每周开始安排30多节课,满满的课表带来了压力,但是更多的是动力。

他奋勇前行,只因有那些值得他为之付出的可爱学生。感恩学生给他的教师节礼物,感恩学生古尔邦节返校后给他带的新疆美食,感恩学生在他身体不舒服时的贴心问候,感恩学生对他无话不谈的信任,感恩学生每天特别认真的进步。

一年的时光就在这些受挫与奋起、付出与收获、感恩与不舍、欢乐和汗水中渐渐流逝。每个人都有被需要的需求,去支教既是回馈社会,也是在实现自我价值。他们对做过的志愿活动如数家珍,至今仍印象深刻。志愿和社会服务已经深入他们的内心。而他们走上工作岗位后依然不忘初心,继续联系着支教地的学生们,及时提供帮助。

“携来百侣曾游,忆往昔峥嵘岁月稠。恰同学少年,风华正茂;书生意气,挥斥方遒……曾记否,到中流击水,浪遏飞舟?”

（文/郭凯玲）

第十八话|为爱筑梦，文化使者

火车、高铁、飞机的快速发展，使得人们在各地之间流动。人的流动带动了中国区域文化的交流与融合，撩拨着人们相互挂念的心弦。随着山大学子二十年来的努力，山东大学研究生支教团创造出山东、新疆、山西三地特有的支教文化桥梁，连接着每一个支教人和三地学子的情怀，使得三地文化彩旗沿着不凡的支教道路不断飘扬。

民族融合往往是各地文化交流的主题。支教老师与孩子们的情感交流都是大家难以忘却的记忆，记忆中透露着相互间的不舍与怀念。老师与孩子的彼此关心温暖了心灵，打破了陌生的壁垒，使得大家交流更加深入。

由人类创造出的地域风情也时刻影响着此地域的人。新疆是一个多民族杂居的地区，不同的民族文化簇拥着这块宝地。美食的诱惑往往能够带动人们的味蕾，想一探新疆的滋味。新疆的美食，除了标志性的大盘鸡，更多的是小烤肉店，永远吃不腻的关东煮，刚出炉的热气腾腾的烤馕包着牛蹄筋，还有内地特色的小吃店。有时候吃清真餐厅吃烦了，还是会到汉餐厅打打牙祭。新疆的天气也和济南不同，几乎没有春秋，只有冬夏。

在满足口腹之欲之外，有着感动人心的深情。文化交流往往都伴随着人们之间心与心的相融，真心相待，彼此关心，相互分享。在新疆所经历的故事，难以在短短的篇幅内一一讲述；心与心的交融却时时展现，温暖了孩子，更温暖了齐鲁大地的山大学子。

“结对子，认亲戚”的活动，是新疆地区独特的民族融合方式。每位新疆的公职人员都要与一户其他民族的家庭结为亲戚，常上亲戚家门走走。作为支教老师，研支团第十八届新疆队成员王嘉玮“结对子”的对象便是二年级的赛比莱同学。村里类似赛比莱同学家的困难户在政府的帮助下修建了新屋。赛比莱同学父母通过辛勤劳动给家庭带来了稳定的收入，也给赛比莱有进入校园的机会。谈到孩子的学习，这位父亲表达得也很简明：一定要让孩子上汉语小学，将来上中学、上大学。自己和孩子母亲只上到初中，吃了文化上的亏，现在哪怕家里苦一点也得让孩子好好地接受教育。幸运的是赛比莱在学习上很争气，是学校里的优秀学生，能讲一口流利的维吾尔语和汉语。

赛比莱一家，折射出了一个变化中的新疆，一个不甘于落后正在努力发展的新疆。这里有巍峨的雪山、丰美的草场、欣欣向荣的城市，更有勤劳善良、不甘人后的人民。支教团成员有义务也有必要作为沟通内地与新疆的交流使者，为彼此间的文化交流踏踏实实做点事情，让发生在新疆的点滴变化为更多的同胞所感知。

支教不是神圣不可触摸的事业，而是用我们拳拳之心对待孩子的平凡之路。童真好玩的孩子们在学校的表现让成员们想哭又想笑，时刻为他们的成绩而感到担忧；可是短短一年的支教时光中，他们留给成员们更多的是感动与温暖。

第十八届支教团成员王洁脑海里经常会浮现出支教日子的点点滴滴，她说："我时常想念那群让我哭、让我笑的孩子们。虽然他们经常在课堂上小声讲话不认真听讲，虽然他们的作业永远都交不齐而且质量堪忧，虽然他们的考试永远使我一想起来就要失眠，但是他们是支持我到结束的唯一的勇气和力量。还记得这辈子第二次的生日惊喜，被学生义正辞严地从办公室叫走，'老师，快去班里看看，出事了！'第一次被红领巾遮住眼睛，在一片黑暗中听完了一首生日歌；第一次把一个蛋糕分成 50 份，每个孩子吃一口；第一次有小歌星在我的生日会上又唱又跳；第一次收获了满满一黑板夹杂着各科作业的来自 48 个人的生日祝福，被糊了一脸的蛋糕，最后一个平常很调皮的男生拿着纸巾一点一点地帮我擦。班主任告诉我，孩子们为了这个惊喜准备了一天，还有几个班委贴上了自己的零花钱以致都没有钱吃午饭了。孩子们的真心我都好好地收着，虽然平时因为他们气得跳脚，但是就是孩子们这份真诚，让我能够一直坚持下去。支教值得铭记的东西太多，新疆值得铭记的东西太多。这一段时光，改变了我的人生轨迹，也是我这一辈子最美好的回忆。"

偏远地区孩子的心灵都是纯洁的、简单的，用着实际行动一点点地表达着对老师的关心。可是对于大多数是留守儿童的他们，在缺少父母的关爱情况下，形成自我保护的封闭心理。在面对他人时，他们往往难以敞开心扉，愉悦、自信地进行交流。在支教团的不断努力下，"心巢计划"便孕育而生。"心巢计划"旨在为农村寄宿制学校学生提供一个更为专业的心理辅导教育和更为完善的心理辅导环境。

"心巢计划"是山东大学第十九届研究生支教团成员牵头筹备，在第十八届支教团支教期间初步落实的一项志愿服务项目。在第十八届研究生支教团山西队项目落地后，受到当地学校校长老师的大力支持和帮助，"心巢计划"取得了不错的成绩。

山西队的队员们分别向所在的三所学校申请了专门的心理辅导教室，利用两个星期的时间对心理辅导教室进行装潢布置。很快，第一次心理辅导大课堂便拉开了帷幕。

一年后，已经返回济南继续读研的山西队队员回到曾经度过一年时光的上寨中学，拜访过校长老师之后，专程来到在他们的见证下一步步成长起来的心理辅导教室。学校的心理辅导员白老师告诉他们，现在学生遇到问题，不再是选择闷在心中郁郁不乐，而是越来越愿意走进心理咨询室进行倾诉，心理辅导的效果也有了显著的提高。

山区教育的变化如今已是日新月异，很多山区学校的硬件设施早已与城市学校相差无几，真正缺少的是先进的教育思维理念和真正关切学生点滴的热爱之心。第十八届新疆队成员陈蓓在接受采访时，回忆道："我意识到在这段师生关系中，我只是从自己的角度出发，机械地要求学生听从我的要求，而没有真正地去了解过他们，我应该更多地从学生的角度为他们考虑。慢慢地，我开始改变讲课的方式，在学习上严格要求学生的同时，更多地与他们交流，倾听他们的心声。当我在教师节收到学生们真挚的教师节祝福和精心准备的小礼物时，从他们一个个纯真而真诚的笑容里，我深深感受到了作为一名老师的成就感和自豪感。教师是一个良心职业，他们不仅要在学业上教导学生，而且还要从情感上、生活上给予学生许许多多无私的爱和关心。"

当我们在现今发达的网络空间中，纷纷指责批评某些地区思想落后封闭时，我们更应该关注的是那里的孩子们的教育，充分了解他们的所思所想，关心他们的生活点滴。研支团在一年的时间里，尽其所能地为山区的孩子们推开一扇窗，让他们了解斑斓的世界多一点，让他们的思想、眼界能够宽阔一点，让他们对待抉择能够从容一点，等等。我们相信，当窗外清新的微风吹走阴霾、和煦的阳光洒进心灵时，我们能问心无愧，坦然相对！

（文/杨庆华）

第十九话|脚下沾有泥土，心中沉淀真情

2017年9月，当山东大学第十九届研究生支教团新疆队和山西队如同往年一样，在服务地开始唱响《青春之歌》时，山东大学研究生支教团的新鲜血液——河南队一行三人也乘火车到达确山县，在异地他乡开始了为期一年的支教生活。这个河南边陲小城是杨靖宇将军的老家，也是山东大学定点扶贫的县城，从2012年至2020年，山东大学将在八年的时间内，从教育、人才、科技、文化、医疗等各个方面投入大量资源，创新工作方法，挖掘这个河南县城的内生生命力，帮助当地顺利脱贫致富。这个仅有三人的支教小队正是这场扶贫攻坚战中的重要一环。

“8月30日，我们一行人到达确山县火车站，在车站迎接我们的是县团委的万书记、老臧庄小学的周校长，还有时任老臧庄第一书记的马勇老师。马勇老师是山东大学派遣来确山县工作的老师，也是我们在异地的第一个‘亲人’。”支教队成员乔欣回忆来到确山县的第一天时这样写道。山东大学第十九届研究生支教团河南队的三个成员随后就各自奔赴到支教地，李露瑶和李瑞被安排到老臧庄小学，乔欣则前往尚城亿达双语学校。

“扶贫先扶智”，是山东大学在进行确山县扶贫工作时首先遵循的原则。从2016年到2020年，山大每年从保送研究生中选派三名品学兼优者赴确山支教一年，以驻村第一书记所在村小学为试点，开展软硬件帮扶项目。

支教的生活是忙碌的，那是一段极为普通和热烈的日子。乔欣回忆道：“在上半学期，我担任八年级中两个班的地理老师；在下半学期，我担任小学一至四年级12个班的美术老师。”在老臧庄小学，李瑞担任四年级的数学老师，李露瑶担任三年级的数学老师，两人还承担幼儿园的部分教学任务。在下学期，李露瑶为学校开设了体育课，李瑞为学校开设英语课，丰富了学校的教学内容。

除日常教学任务外，他们还开展了各种课外活动。2018年6月15日，六所内地高校一同发起了中国青年志愿者扶贫接力计划研究生支教团“书海悦读团体一起捐”活动。山东大学团委将“薪书计划”和此次活动相结合，为老臧庄小学建立了“薪书书屋”。除此之外，他们还开展了“伴读活动”和

“暖冬活动”。老臧庄小学的300多名学生中，留守儿童就有100余名。支教团成员在教学之余给他们辅导功课、开导心理、做游戏。在每个月的第一个周末，在留守儿童小屋里开展爱心伴读活动，和孩子们一起阅读书籍，并进行读书分享，通过这些形式陪伴他们生活和学习，关怀他们的心理健康发展。老臧庄小学共有建档立卡贫困户家庭孩子20余名，这些孩子因为家中贫困，很多孩子冬天的衣物十分破旧甚至单薄。一个偶然的机会，支教团成员联系到了天中义工联合会，为老臧庄小学的孩子们争取到了爱心冬衣500余件，图书、文具一百余套等，让孩子们度过了一个“暖冬”。

独居老人是一个相对弱势的群体，也是脱贫工作中的一道难题。老臧庄社区中的独居老人较多，他们年纪较大，行动不便，有些甚至已经卧病在床，失去了生活自理能力。许多独居老人居住环境较差，卫生条件堪忧。研支团了解到这样的情况之后，便利用周末时间到胡铁旦、臧双喜等独居老人家中打扫卫生，帮助他们改善居住环境。

李瑞和李露瑶还主动申请在老臧庄社区各帮扶了一户贫困户。这两户贫困户都已年迈，且住房简陋、御寒物资缺乏。在老臧庄小学的支持下，支教团成员为贫困户送去了御寒棉大衣。两户贫困户老人均患有长期慢性病，为了提高对贫困户的医疗保障水平，研支团帮助两位老人办理长期慢性病救助证，缓解他们的医疗压力。除此之外，支教团成员多次确认贫困户所享受的各项政策措施已落实到位，保证贫困户基本生活。

教学工作之余的各种“扶贫”活动已经是队员们的常规工作。“完成上午的教学后，就收到了村委的紧急通知：帮助贫困户计算2017年度第三季度的收入情况。我们立刻从学校出发，到村委领取相关材料后，便前往贫困户家中。”李瑞在自己的日记中写道。这样的“常规”工作几乎在每个普通的日子里发生，占据了他们的整个闲暇生活。“我们在教学之余为贫困户整理档卡，帮助村委准备扶贫材料；周末到农户家调查走访、核实情况，帮助贫困户做农活、打扫屋子，为贫困孩子义务辅导功课。”队员们开始逐渐习惯这样普通而真实的生活。要说这样的日子和以前有什么不同，“在此之前，精准扶贫对我们来说只是书面的政策，或是几组数据，真正深入到脱贫攻坚的第一线，才深感扶贫工作的不易”。

在马勇老师的指导下，研支团在这一年中为脱贫攻坚工作贡献了力量。他们负责扶贫工作中部分档案的整理、文稿的撰写工作，参与“三率三度”整改大走访等；经常到贫苦户家走访，调查实际情况，给贫困户孩子辅导功课，去贫困户家中打扫卫生，自费送去米、面、油等生活用品；为贫困户讲解国家脱贫政策，帮助贫困户树立脱贫信念。

扶贫工作中的点点滴滴都铭记在支教团成员们的心中。“参与扶贫工作，我们放弃了周末的娱乐和充足的睡眠，承担着巨大的压力，但是我们真切感受到了精准扶贫政策和扶贫工作对贫困人口的巨大意义。我们真实地看到，一个贫困学生因拿到5000元的高等教育救助基金而上得起大学时湿润的双眼，一对家住危房的老夫妇房屋被改造后踏实的笑容，一个被纳入低保户的老爷爷用颤抖的双手接过低保金……我们看到贫困户得到改善的生活条件和孩子们纯真幸福的笑脸。老臧庄扶贫工作不断进步，一切都是值得的。”

在进行扶贫工作时，李瑞在日记中写道：“精准扶贫是国家的重大战略任务，有无数的工作者为国家脱贫这个目标默默奉献着。在这里，我们向全国的扶贫工作者道一声：‘你们辛苦了！’”

（文/刘朵朵）

第二十话|远方

从山东济南到山西灵丘,587 公里的距离。

从山东济南到河南确山,599 公里的距离。

从山东济南到新疆伊宁,3935 公里的距离。

灵丘、确山、伊宁,真的够远了。远到一年可能只和家人见一次面,远到可能每天都有两个小时的时差,但也没有那么远,远方的一切与千百公里外济南的山东大学又血肉相连,那里有一群青春正好的山大人。

远方的理想

作家肖复兴曾回忆自己年轻时去北大荒的经历,在《年轻时应该去远方》一文中写道:"青春,就应该像是春天里的蒲公英,即使力气单薄、个头又小、还没有能力长出飞天的翅膀,借着风力也要吹向远方;哪怕是飘落在你所不知道的地方,也要去闯一闯未开垦的处女地。这样,你才会知道世界不再只是一座好看的玻璃房,你才会看见眼前不再只是一堵堵心的墙。"作为年轻人,我们总是会向往远方,我们正是意气风发、热爱冒险的年纪。而当我们怀揣着理想的时候,我们所去往的远方就更加有意义。

2017 年 12 月 5 日,国际志愿者日,一场名为"美丽中国,最美青年"的山东大学青年志愿者行动主题展在中心校区知新楼展厅开展。开展仅仅一周,竟吸引了全校 7000 余名师生前来参观,十多家省级以上媒体报道,更有 3000 余名青年学子现场注册成为志愿者。这次展览中,极重要的一部分内容是回顾了 1997 年至今山东大学研究生支教团二十年的风雨历程。展览的第二天,樊丽明校长来到了展览现场,并在展厅与第二十届研究生支教团的成员们亲切交谈。在过去的二十年中,从青海甘肃的高原荒漠到山西灵丘革命老区,从祖国西陲帕米尔高原上的伊宁到中原红色老区的确山,山大研究生支教团的成员们一路走一路探索,无论是对新支教地的适应,还是对新的服务方式工作理念的摸索,二十年来他们一直都在扮演开拓者的角色,他们为了理想,如山岩般坚守在远方。

远方的追光者

朗朗书声，细细楷笔予我以希冀之感，是我之晨光；
课堂专注，解题顿悟予我以成就之感，是我之星光；
认真作业，埋头苦思予我以告慰之感，是我之烛光；
嘘寒问暖，伴我左右予我以温暖之感，是我之阳光；
偶有失误，知错能改予我以鞭策之感，是我之火光；
课外拓展，满载而归予我以收获之感，是我之霞光；
人生探讨，遍论古今予我以启迪之感，是我之月光；
笑靥灿灿，高声欢歌予我以豁达之感，是我之波光。

来自儒学高等研究院的刘润枫，是山东大学第二十届研究生支教团新疆队的成员，在新疆伊宁第一小学担任五年级的英语老师。他说他特别喜欢在课下和同学们聊天，五年级的孩子们已经有了很多小秘密，也有了很多对世界的初步见解。有一次不知有心还是无意，他们忽然问起："刘老师，您还记得你刚来的时候吗？"刚听到这个问题的时候，刘润枫一怔，心中一片空白。不得已只能顾左右而言他，等上课铃打响的时候就把他们一并送回教室了。这个问题真的需要时间静静思索，或许说这段时间都一直无暇回顾细思。恍兮惚兮，光阴匆匆。他们究竟是问他第一次授课的画面，还是问的他初入他乡的感受？

"这都无所谓了。"刘润枫说。他还记得他们第一次拜访伊宁县第一小学的校长时的场景。高娅萍校长就笑着与刘润枫和阮佳程说道："润枫就教五年级英语吧，负责德育处；佳程你就教四年级科学吧，顺带在教务处。"阴差阳错之下，阮佳程却去了三年级教数学，刘润枫也未能如愿去教语文，却带了三个班的英语。在接受这个任命之后的日子里，他有些诧异，有些落寞……他有些遗憾于不能教授他的专业学科，直到刘润枫遇到他们——生命中的光芒。

支教数月，刘润枫越发地察觉到他们身为新疆伊宁支教老师的意义所在：支教一场，他们所带给学生的只不过是知识与道理。支教是一种志愿服务，但并不只是付出。相反，作为支教老师收获的更多。在这里的收获常常令汉语言文学专业的他感到汗颜与惭愧。刘润枫实在无法用最贴切的语言来描述这一段时间心中获得的喜悦与满足。孩子们反馈给他的快乐与感动就像是一束光，一束刺破阴霾的光，如湖上宿雨初晴白云洒金般透彻与光明。在异乡为客常常会被问到这样一个问题："在这里习惯吗？"刘润枫也常常会以这样的一个幽默的玩笑回复他们："我从小学到大学都没离开过家门五公里，但是到了近 5000 公里外的伊宁，我从来没想过家。"而且刘润枫笃定地知道这个问题的答案，就是因为他们，他的三个班的学生们，他的三个班的孩子们，他的生命之光。

充斥着光芒的课堂中的一言一行、一字一句都令刘润枫倍感身上的责任之重，他无时无刻不在提醒自己细细斟酌。他所掌握的知识是他们的需要，而他们身上所内蕴的光华却是他要细心呵护、耐心培育的，能给予他内心的安稳与满足。百日一瞬，刹那间已经过去了支教岁月的四分之一。刘润枫曾自嘲来伊宁之后从未有过委屈、有过挂怀，但忽有一夜思绪浮沉，不知缘何想起离别的瞬间。霎时忽如万千虫蚁啜心噬腑，心酸难抑，良久方罢。此夜以后，他尤其珍惜与他们相处的时光，贪婪地吮吸着光明，仿佛已在黑暗中沉浸太久了。刘润枫不能确定在结束了支教生涯后他的生活中是否还有光芒，但他知道，现在的他是一名追光者。心甘情愿，不弃不渝！

"在大学时学过《四书章句集注》,《孟子·尽心上》篇有一句读来十分震撼，当时并无切身之感，方今或有所体味，撷来与从教诸君共勉：'得天下英才而教育之，三乐也。君子有三乐，而王天下不与存焉。'愿乐与光长伴我身，我愿为追光者，只为呵护光中人。"刘润枫道。

远方的思念

远方有年轻人的理想，亦有游子的思念。"萱草生堂阶，游子行天涯。"当他们为了实现理想来到远方，也便意味着，他们的父母成了远方。从此，远方与远方之间牵连着思念。

在新疆伊宁的臧琳冬收到远方的父亲寄来的家书时，她所在的第二十届研究生支教团新疆队已经在远离家乡的西部边陲度过了四个月的时间。父亲的家书，字里行间，流露着距离无法阻挡的温情：

> 从来没有这么长的时间没有见到你，即使你上大学以后也是一个月就顽强地回家一次，从来没有失约过，但是现在真的至少半年才能回家一次了。我和你妈妈在你支教的这一年里如果不去新疆，也许一辈子都不会去新疆了，哪怕是去旅游几天可能也不会去；如果你不在那里，也许我们永远不会用心感受新疆到底在哪里，到底离我们有多远。我在黄海之滨的烟台，你在新疆的伊宁，4100 公里的路程，两个小时的时差，这是我们之间的距离，我也只能在网上找出地图看看你在哪里，这次真的是够远了，确实没办法一个月就回家一次了。孩子能够离开

父母独自地生活，那一定是孩子长大了。想起二十多年以前，你的牙牙学语、姗姗学步，还是恍如就在昨天，就在我的眼前。那时觉得这么大点的小孩子什么时间才能够长大，才能独立地生活，时间真的太快了，现在你已经长大了，能够独立了。昨天晚上的视频通话，看到手机视频中的你，依然笑容灿烂天真可爱，我觉得应该放心了，但是心里总是感觉空空的。二十多年，似乎就在弹指一挥间，这不到半年却感觉如此漫长。

在这个开放的时代中，没有人能随随便便取得成功，如果说有运气存在的话，那也是努力之后成功的另一种表达方式。支教生活忙忙碌碌，但不能忘记了你的学业，要能挤出看书的时间，时间只要你挤肯定是有的，要记得你还是一名学生。这一年要注意管理好自己的感情，逐渐养成习惯，要用和你的年龄相称的方式处理事和人际关系。努力和成长都不可能是一个愉快的过程，当你感觉已经很累的时候，再坚持一下，因为目标已经很近了，“行百里者半九十”，大部分没有成功的人是因为中途放弃，缺乏坚持的毅力，而不是因为能力的缺乏。小姑娘，我们不希望你做一个能够改变社会的人，只希望你做一个能够适应这个社会的人。三个月后就是春节了，我们在黄海之滨迎接来自天山的冬冬，家没什么好想的，还是你知道的样子。新疆有多大，在地图上没有我的手掌大，伊宁有多远，只不过是我桌上铅笔那么长，因为，我的宝贝姑娘在那里，新疆就在我的脚下。

山东大学校友之歌有这样的一句歌词：“凡我在处，便是山大；有你在时，那便是家。”一届届研究生支教团的成员暂别山大奔赴远方，正如为了理想离乡的游子。而所谓理想，无非“祖国需要处，便是我故乡”的青春抱负与“为天下储人才，为国家图富强”的一名山大人的责任。

（文/范清涵）

第三目　廿载足迹

编者按：二十年的支教路程，我们走得并不轻松，但却脚踏实地。山东大学研究生支教团一直在探索除了通过教学的方式，如何还能更好地育人。我们开始关注课堂之外孩子自身的成长与内心的丰盈，于是就有了“薪书计划”“乡望课堂”“心巢计划”“信疆游”与“爱的奇遇记”等活动。仰望星空，脚踏实地，我们不断探索与创新，只愿孩子们人生的路能走得更好。

第一话|薪书计划

“老师,我几乎看完了我们图书室所有的书!”小女孩儿对“山岩”们说。

“她就是我们班的书虫!”小男孩儿插嘴。

“切! 我就爱看书!”小女孩儿瞅他一眼,又认真地问我:“老师,你们真的会给我们送书吗?”

“会的! 一定会!”一群年轻的教师们目光坚定而分外认真地回答。

这段对话发生在新疆伊犁哈萨克自治州伊宁县克伯克于孜村克伯克于孜小学,那是山东大学研究生支教团送教下乡的地方,距离县城二十分钟车程,是一个有 320 名左右学生的小学。上学期,“山岩”们每周三下午来这里上课,孩子们总是热情地迎接,每一次课程结束后都会问他们下周还来不来。

几乎每个队员初到伊宁县的时候都为这里纯净的自然环境和热情质朴的人们所吸引,但他们很快发现,在这个美丽的地方,对于很多农村孩子来说,课外书是一件奢侈品。从走上课堂的那一刻起,新疆学生的朴实、好学深深打动了“山岩”们。几个孩子围在一起津津有味地分享着一本小小的课外书,脸上挂满兴奋的笑容——这个在下乡送教时看到的真实场景深深印在队员们脑海中。

一届又一届的“山岩”终究会离开,但真想为孩子们做些什么,留下些什么。发现服务地各学校的图书室都已有些年头了,里边的图书更是鱼龙混杂。谈起图书室,爱看书的孩子总说里边的书没意思,不爱看书的孩子更是不爱聊这个话题。“我最喜欢的书是《格林童话》,因为我只有这一本课外书。”有位学生说出了这样一句话,更让所有支教老师们都深深动容。学校图书室里的大部分图书不适合小学的孩子们看,满足不了这个年龄段的孩子对课外书的向往以及对于各类知识的需求。绘本、童话、故事、诗歌、小说……孩子们爱看有趣的书,只是想看有趣的书而已。

因此,研究生支教团发起了“薪书计划”。“薪书”,一方面与“新书”谐音,目的是捐赠新书,与以往普通的旧书募捐相区别;同时又取“薪火相传”

与“众人拾柴火焰高”之意，希望借助更广泛的社会力量，通过一本本新书把公益的火种从祖国东部传递到西部，将知识的力量带给伊宁县的学生们，帮助他们拓展视野、健康成长，并将这一项目一届一届地薪火相传。“薪书计划”主要针对山东大学研究生支教团服务地之一的新疆维吾尔自治区伊犁哈萨克自治州伊宁县，那里环境优美，素有“杏乡”美称，但是那里的学校图书馆藏书数量少且大多数都老旧、破损或者不适合那个年龄段的学生阅读，这是导致他们知识面狭窄、对学习缺乏兴趣的一大原因。获取信息的渠道有限、知识储备量低、辍学率高是这里亟待解决的问题。我们希望通过“薪书计划”在支教地三所学校逐步建立较为完善的图书馆，以方便新疆地区中小学生课外阅读。“薪书计划”具有深远的意义：文化上，提升新疆中小学生的课外阅读量，让他们在阅读的同时，对事物产生自己的想法，不受传统观念束缚；教育上，通过提升新疆中小学生课外阅读量，使他们萌发学习兴趣，提高升学率，保证九年义务教育的实施；社会效益上，促进民族文化交流，鼓励更多的人关注西部教育，参加公益活动，让公益的火种照亮寒冷的夜空，让知识的香气弥漫美丽的“杏乡”。

“薪书计划”形式多样，分图书捐赠与资金募捐两种形式。山大学子与支教地的孩子们年龄差距较大，所购买图书的深度较高，其课余图书并不适用于新疆支教地的孩子们，于是我们在支教团实习地的山大附中进行图书募捐活动，因为附中的孩子与支教地孩子的年龄相仿，心理成熟度相似，对于感兴趣的书目范围类似，这样给支教地孩子们募捐的图书才是真正适合他们的图书。而对于我们广大的山大学子和社会各界人士，也有自己的途径奉献爱心，资金募集这部分主要在山东大学进行线上线下募集。通过多种形式，借助各类平台进行募捐活动，最终将募集所得的资金用于购买图书，并将所得的书籍发往新疆，再按图书类型分配到各个支教团服务的学校供孩子们阅读。

贫穷，湮没了未来的理想；
眼神，诠释了心底的渴望；
知识，转变了人生的航向。
在殷切的盼望中，他们苦苦期待；
在爱心的火焰里，我们默默行动……
那年杏花微雨，我答应送书给你。
你看，我们来了。

伊宁县的6月，正是杏子成熟的季节。古有孔子讲学之处，除地为坛，环植以杏，名曰“杏坛”。而在杏香飘逸的伊宁县，这群来自山东大学的支教老师，也在扮演着教育者的角色，为这里的孩子带来知识，也带来了更多、更美好的希望。“薪书计划”初始时在山东大学2014届毕业生和社会各界的支持下，最终为伊宁县二中购置图书2000余册，经过一个多月的编号、排版，募集而来的2000余册新书顺利上架，对学生开放借阅。“薪书”受到了当地学生们的喜爱，图书馆借阅书籍中80%为“薪书”。服务地学校为表示对山东大学的感谢，在每本图书上都印上“山东大学捐赠”的字样，并单独设立书架存放，图书的编号也打破原有图书分类法的编号，代之以“山大”的首字母“SD”开头。图书馆还倡议学生爱惜图书，以此来答谢在“薪书计划”中捐赠的爱心人士。

2016年6月27日与29日，山东大学研究生支教团分别在他们的两所服务学校——新疆伊犁伊宁县第二中学与第二小学开展了“薪书计划”的图书捐赠仪式。在伊宁县第二中学，这场捐书仪式不仅仅是捐赠图书，而且还是伊宁县第二中学图书馆的更名挂牌仪式。为了向山东大学研究生支教团的帮助表达感激，同时在校内倡导“薪书”中所饱含的读书热情，学校将图书馆正式更名为“薪书图书馆”。同样，在“山岩”们的努力以及社会各界力量的支持下，支教团伊宁县第二小学挂牌成立了“薪书书屋”。“薪书图书馆”和“薪书书屋”的建立，为支教学校的学生提供了更多、更优质的图书，也为他们创造了更舒适的阅读环境。至此，“薪书计划”有了新的发展，有了新的平台。

“总有一种力量它让我们泪流满面，总有一种力量它让我们抖擞精神，总有一种力量驱使我们不断寻求‘正义、爱心、良知’。这种力量来自于你，来自于你们中间的每一个人。”每年的“薪书计划”都会受到山东大学的在校生以及社会各界人士的广泛支持和帮助，甚至有一位老人每年都会给山区孩子捐钱。

“薪书计划”实施五年来，在薪火相传中，活动形式不断丰富，覆盖范围不断扩大。2014～2018年，“薪书计划”得到了来自山东大学的师生与社会各界的鼎力支持。五年中，总计为新疆捐赠了5300余册图书，总价值超过7万元，惠及6000多名新疆各族学子。“所有的图书都是精挑细选的新书，筛选的过程我们非常的用心，确保每一本‘薪书’都是学生喜欢的书，都是能让学生从中受益的书。每一期的薪书计划都凝聚着支教团队员们辛苦的汗水，但这很值得我们为之付出。”支教团的队员这样说。看到几乎所有学生都手捧着精致的“薪书”，从中感受着不一样的世界，支教团的老师们也露出了发自内心的笑容。“课内优化学习方法，课外丰富知识储备”，这句话是山东大学这些年轻的支教老师们总结出的教育理念，而开展“薪书计划”正是他们在推动新疆学子们课外学习的教育实践。

我们是山东大学研究生支教团，我们希望用我们的爱心给新疆伊宁的孩子们带去一份祝愿、一份盼望；我们希望用我们的知识告知孩子们外面的世界；我们希望用我们的努力给他们一双梦想的翅膀，让他们在浩瀚的书海里自在地畅游。这便是“薪书计划”的初衷，也是我们为之坚守数年的夙愿。一年支教行，一生公益情。

（文/马孔融　魏华宇）

第二话|乡望课堂

乡望课堂
为孩子们打开了名为“向往”的窗
窗外繁花如锦幛
一如世界绚烂芬芳

2016 年 11 月 16 日这一天，伊宁的天气并不好，中午过后就下起了淅淅沥沥的小雨。11 月的低温配上冷雨有种刺骨的感觉。下午 4 点朱家豪、王嘉玮准时赶到了克伯克于孜小学。这是山东大学研究生支教团的老师来给学生们上的一堂别开生面的课，也是支教团“乡望计划”的第二堂课。这一计划自 2014 年始，已经走过了两个年头。研支团利用自身的知识优势送教下乡，支援基层教育，以接力的形式为乡村的小学送去丰富多彩的课程，从而拓展孩子们的视野、训练孩子们的思维。

一进校门，两位老师便被同学们团团围住，簇拥着走向教室。在周三下午的社团活动时间里，两位老师是当之无愧的主人公。孩子们同他们击掌相庆，一边热切讨论着上一堂课讲述的内容，分享自己最近的学习生活，一边打探着本节课会有什么新鲜的知识。队员们一周下乡两次，每次上课半天，课上讲的内容丰富多彩，在教书育人的同时把支教团的志愿精神传承下去。

课程在 5 点正式开始，由朱家豪讲述“法的故事”。整节课分为“法的起源”“法在中国”和“法在欧洲”三部分。朱家豪从法的起源讲起，用讲故事的形式，把孩子们拉回到了法律在人类社会诞生的起点。然后他又分别从国内外两个角度，讲述了法律发展的历史。孩子们跟着讲述进行课堂互动，演一个小短剧，回答几个问题，教室里不时爆发出热烈的掌声。

他们通过支教老师新鲜有趣的讲解了解到更多法的知识，这种交互以前在课堂是不曾存在的。这也是支教老师们想要的效果，从中华传统文化到现代科技，从法的故事到感恩教育，从美术艺术到体育运动，小中窥大，在一堂堂课中展现当代社会生活的方方面面。老师们积极认真地准备课程，孩子们往往也听得非常投入，积极提出问题，充满了对新鲜事物的好奇与向往。

这次法制教育课历时一个半小时，法的故事就到这里，我们的故事还在继续。

乡望课堂
为孩子们打开了名为“向往”的窗
窗外的路一条条
通往一个个斑斓的梦想

2016 年 12 月 13 日是范雪汝去克伯克于孜小学上课的日子，建筑设计出身的她准备带孩子们赏析世界上美轮美奂的建筑作品。“乡望课堂”的主题多样，往往由支教团成员根据自身专业特长、结合当地小学生特点选取，内容丰富，生动有趣，旨在扩展学生的视野，丰富学生的学习生活。今天的主题便是如此。

课堂从一个提问开始了：“你见过的学校都是什么样的?”这样一个简单的问题引爆了整个教室，大家迅速陷入热烈的讨论当中。“红色的墙，红色的瓦。”“有操场。”“有各种各样的房子(教室)。”……答案自然是五花八门。范老师用几张著名小学的照片如天津滨海小外中学、马德里维利达幼儿学校牢牢抓住了同学们的兴趣。然后范老师又以世界上一些知名图书馆的外观图片来向同学们说明：建筑改变了世界外貌，而想象力使世界充满了可能性。

随后，范老师向同学们介绍了世界上其他一些著名的建筑，如上海世博会丹麦会馆、中国会馆、阿塞拜疆文化中心、中央电视台总部大楼等。同学们饶有兴趣地欣赏着一幅幅图片，不时发出“哇——”的惊叹。接着，范老师向同学们介绍了几位享誉世界的建筑大师和他们的代表作品，如贝聿铭和卢浮宫金字塔、F. L. 赖特和流水别墅、理查德·迈耶和罗马千禧教堂等。同学们在赞叹这些建筑大师和他们的杰作的同时，也在思考、讨论着“建筑改变了世界外貌，而想象力使世界充满了可能性”这句话。在课堂的最后，范老师给同学们留了一个小作业：利用身边的工具，可以是纸笔，也可以是泡沫，甚至可以是泥土，自己设计一个建筑，也可以几个人合作。同学们对此都很感兴趣，下课铃还没响起，已经在三五成群地讨论起来要设计什么了。

“建筑改变了世界外貌，而想象力使世界充满了可能性，愿这想象力能在这群年少好奇的孩子心中生根发芽，有朝一日开花结出香甜的果实”，范雪汝在课后这样说。“乡望课堂”虽小，却为孩子们带去了丰富多彩的未知世界，期待着能够帮助孩子们点亮梦想的星星之火。

乡望课堂之于山岩
仿佛是一场爱的接力
接力棒传到手中
又化作梦想传递出去

2018年4月20日下午，山东大学研究生支教团一行三人前往伊宁县克伯克于孜小学开展2018年“乡望计划”第三期课堂活动。

刚来到学校门口，正在门外做值日的四年级二班孩子们就开心地向队员们问好。进入班级后，他们很快地坐回自己的位置安静下来，等待今天的“乡望”小课堂。第一节课是由王世杰带来的国学经典诵读课程，选用的是幼学经典《声律启蒙》中的片段。在介绍完诵读材料中的历史典故后，他带领孩子们学习诵读节奏，并伴随节奏诵读文本。短短十几分钟，就有一些孩子能够流利地背了下来。随后王世杰又讲解了《大学·明德章》的开头部分，带领孩子们感受儒家经典文化的深厚魅力。

第二节课是由王会玲和侯潇洁带来的趣味手工活动。王会玲首先通过引导孩子们分享“我最喜欢的小动物”导入了课程内容——动物折纸，随后两人开始教孩子们折小狗。折纸的过程略为复杂，王会玲和侯潇洁两人耐心地分步骤进行讲解，还不时地给孩子们一一示范。最后，孩子们大多都完成了自己的作品，并非常高兴地互相展示，在镜头前留下了一张张笑脸。

乡望，亦是相望
也是为了孩子们的“向往”
在这里，我们传承乡望，传递相望
努力不负期望，筑梦向往

（文/焦丽娜　魏华宇）

第三话|心巢计划：用爱给心一个家

有一种生活叫独立
爸妈不在的日子里学会依靠自己
有一种性格叫思念
长久别离的心情只能说给自己听

“爸爸妈妈！我什么时候可以见到你们？期中考试我考了班级第二名，还拿到了奖状！”这个世界上有这样一群孩子，因所在地区的教育模式无法满足教学水平的发展，为解决农村义务教育阶段留守儿童监护难、农村人口相对减少等问题，寄宿制学校应运而生。寄宿制学校是一种相对特殊的环境，主要体现在学生生活在由老师和同学组成的相对封闭的环境中，与父母接触较少，进而较少获得来自于直系亲属的情感支持。而处于青少年时期的“寄宿制儿童”，因为其“暴风骤雨”“第二反抗期”的特点受到心理研究者的关注。2016 年 9 月，山东大学研究生支教团联手山东大学政管学院和公共卫生学院成立“心巢计划”项目组，并在专业教师的指导下完成项目调研问卷和实地调研工作。

青春期的我们，是一个懵懂的少年
我们在欢声笑语中畅饮未来
在花开花落中谱下宏图
在悲欢离合中度过难忘的今宵
我们需要一盏明灯
我们需要一对翅膀
我们更需要青春的誓言

第一种爱:认知自己是最好的礼物

面对青春,孩子们也许好奇,也许懵懂,也许不知所措。这一天,山东大学研究生支教团联合伊宁县第二小学为在校六年级全体学生举办青春期健康知识讲座,为孩子们点亮一盏明灯,迈好青春第一步。讲座分上下两场,上场为女生专场“花开应有时”,下场为男生专场“做身心健康、阳光快乐的少年”。郑兴荣、白硕鑫两位老师针对女生、男生不同性别的特点,针对学生目前的生理、心理健康现状,围绕学生常见心理现象进行剖析,深入浅出地向同学们讲解了青春期各种生理、心理特征和行为变化,向同学们讲解了青春期的自我保护方法,并且现场给孩子们支招如何解决青春痘的烦恼。同时,帮助同学们科学认识自身生理世界,正确引导青春期心理行为,使同学们懂得如何调节好青春期各种心态,如何看待自尊心,怎样与异性同学正常交往,面对自己内心的感情又要怎么去处理。

作为孩子们成长路上的撒光者,“山岩”们为孩子们在青春的节点上插上了一双翅膀,鼓励他们做把握青春、充满自信的少年,在今后的人生中快乐飞翔。

第二种爱:给爱留一道出口

日光温柔,窗明几净,教室内摆放着舒适的桌椅,墙上悬挂有大幅心理挂图,书架上陈列着适用于不同年级学生的心理健康书籍。这个专为灵丘县下关中学设立的青少年心理健康咨询室——“情感树洞”,面积不大却显得格外简洁大方、舒适温馨。咨询室门口悬挂有醒目的信报箱,供学生将学习、生活中的困惑写信告诉支教老师,以便获得老师的解答和帮助。

下关中学“情感树洞”心理工作室由山东大学研究生支教团与下关中学在2017年年初共同筹办,并与支教团“心巢计划”农村寄宿制学生专题服务项目相结合。秉承着“理解、悦纳、尊重、激励、唤醒、张扬”的理念,下关中学“情感树洞”心理健康咨询室希望能够运用心理学的理论和技巧帮助当地学生解决各种心理困扰,增强学生的适应能力,提高学生的心理素质。

有的孩子在信中写道:“已经近三个月没有见到爸爸妈妈了,想吃妈妈包的猪肉馅儿大包子。”还有孩子倾诉道:“很苦恼,今天的数学测验算错了两个题,为什么我总是这么马虎?”“山岩”们借助山东大学心理咨询中心等自身的优势实行资源共享,为孩子们提供更加便捷有效的心理咨询辅导帮助。此外，“山岩”们作为“情感树洞”心理工作室负责人，将组织安排好心理工作室的日常咨询工作并且定期举办心理团体辅导活动，从多种形式为孩子们的成长保驾护航。有时候，爱的表达需要一个出口。

第三种爱：迎头面对挑战是最棒的爱

挑战是什么呢？
是困难？是挫折？
也可以是最棒的爱。

伴随着新年的到来，期末考试也迫在眉睫，伊宁县第二小学校园里的孩子们都少了一些往日的轻松与欢脱，多了一丝沉稳与紧张。各个年级当中，六年级孩子的心智比其他年级孩子较为成熟，学习压力较大，容易出现考试前的学习焦虑等负面心理现象。这样的心理状态会直接影响孩子考试的发挥，从而影响成绩以及接下来的学习生活。

为了引导孩子们正确面对即将到来的考试，有效地调节自身情绪，经过了前期充分的准备，2018年1月5日下午，伊宁县第二小学心理咨询室郑兴荣老师联手山东大学研究生支教团，为二小六年级全体学生开展了“合理安排时间，从从容容考试”考前心理辅导讲座。

讲座开始，山大研支团的队员为学生们发放了“心巢计划”活动专门为孩子们定制的心理小报与心理调查问卷。郑兴荣老师则通过《羿射不中》以及《一个考生的应试故事》两个小故事来引出了本次讲座的主题，启发同学们明白：一个人在紧要关头，存在着患得患失的杂念，就难正常发挥自己的才能和本领；自己有一定实力，只要心理状态正常就能考出好成绩，而缺乏信心、紧张怯场或受患得患失的干扰，结果会发挥不出应有的水平。

紧接着，郑老师带领同学们开始了关于战胜焦虑、恐惧、畏难或侥幸心理的方法的探讨，孩子们踊跃发言，积极地与老师同学交流心得看法。随后，郑老师给出了影响考试的因素，并且引导同学们学会宣泄、深呼吸、掌握考前作息以及考中时间安排等调节考前心态和合理安排时间的几个小方法。

最后，六年级的孩子们集体呐喊：“我是有能力的！我是细心的！我是最好的！我一定会越来越有自信！我一定能考出好成绩！”并为自己鼓掌三十秒，勇敢迎接挑战的自己才是最棒的！

很多人想出人头地、腰缠万贯
我们什么都不想,只想经营自己的事
我们经营的东西太大,也太小
大过各种百货公司,又小得
一颗跳动的心就可以装满
关爱青少年就是关爱祖国的未来和发展
为他们营造一个
健康、快乐、平等、和谐的成长环境
为他们五彩斑斓的人生插上理想的翅膀
是山东大学研究生支教团
用青春正能量助力青少年成长的目标与宗旨

就这样不断地努力吧
“心巢计划”将会不断地改进、发展、成熟
从山西到新疆
受到心灵上呵护的孩子越来越多
守护少年时光,关注心理健康
在可爱的孩子们身上
栽种洒满阳光和雨露的种子
山东大学研究生支教团一直在路上!

(文/王婷婷　魏华宇)

第四话|信疆游：一张明信片的奇幻漂流

“老师，这是大学吗？好大啊，像城市一样。”这句话，是山东大学研究生支教团给所在班级播放完山东大学宣传片后，新疆伊宁县的孩子们说的。他们是一群活泼可爱的孩子，充满了对大千世界的幻想。他们是一群善良天真的孩子，对新鲜事物有着极大的兴趣。他们是一群善于发现的孩子，但是他们有很多人从未走出这座县城。

山东大学第十八届研究生支教团新疆队的队长刘胤岐说：“在课堂上给孩子们放映了山东大学宣传片后，孩子们反响很好，希望可以有更多的机会了解山东大学。他们也有自己的故事，也想有个在这城市之外的人去倾诉。”支教团的成员们想到了通过明信片这种方式把支教地的孩子们与山大学子们联系起来，建立一个新疆青少年与东部大学生一对一的信息交流渠道，加强东西部的交流。

2017 年 5 月，第十九届研究生支教团在山大各个校区摆展台，线上线下进行宣传，倡议学生捐赠书籍、给支教地的孩子们写明信片。在“熊本熊”和“大眼萌”的可爱宣传助攻下，在山大中心校区齐园餐厅“信疆游”的展台前，填写明信片的人络绎不绝。有四位不认识的同学在烈日下，帮助展台活动近一个小时。他们说：“看到镜头中孩子们羞涩一笑，小手握着铅笔，一丝不苟地在整洁干净的作业纸上留下工整隽秀的字体，上课积极踊跃地回答问题，就仿佛看到年幼时天真烂漫的自己。我有支教的想法，但却对支教不甚了解，不知道是否有勇气选择来到他们身旁，但至少此刻我希望可以给他们分享自己的故事，表达我的关心和牵挂。”第十九届研究生支教团成员夏侯迪对这几位志愿者表达了感谢并对他们说：“希望通过这个途径，你们和新疆的孩子们结成对子，互相了解，建立长久的联系。而且无论最后选择支教与否，都要保持对公益的想法与热情，参加力所能及的公益活动。”

2018 年 6 月 11 日这一天，伊宁县南通实验学校的孩子们从老师手中得到的不是卷子，而是一张来自山大的明信片。这一张张漂亮的明信片，带着一句句祝福和鼓励，从祖国的最东边一路到最西边，跨越中华的河山万里，来到天山脚下孩子们的手里。这些饱含深情的寄语，来自济水之南大明湖畔的济南六校区，也来自东海之滨即墨故城的青岛新校区。填写明信片的人，有山大学子祝愿鼓励，言未来可期，山大等你；有参观后的学生满怀希冀地寄送箴言，说笑对寒窗，与君共勉；亦有师长邻人言说关爱，书写期待，谈人生哲理，引导未来。

孩子们看到山东大学学子们在明信片上写给他们的话，欣喜若狂，看了一遍又一遍，仿佛是要把这些字都刻在脑中一样。哥哥、姐姐们的鼓励与叮嘱，在孩子们的心里有着特殊意义。有的孩子这样对支教团队员们说："老师！山东大学好酷，体育场真大，小树林好美！老师您带我回济南好不好，我要去山大！"这是他们第一次收到明信片，语气中有着抑制不住的惊喜和欢乐。有的孩子问支教队员："这些哥哥、姐姐的字好漂亮，我可以和他们写信联系吗？"队员们回答，"当然可以啊，之后还会有薪书计划的活动，那些哥哥、姐姐不仅仅会捐赠图书过来，而且还会给我们留下明信片和联系方式，你们就可以做笔友啦！"队员们笑着回答。

本来只写了一行"信疆游——一张明信片的奇幻漂流"的黑板，瞬间成了孩子们的心愿墙。他们在黑板上写下自己的愿望：想要成为空姐，去到很远很远的地方；想要听老师的话，去老师的学校学习；看看那些明信片中的实景，领略不同于天山的风景；想去看看大明湖到底有多大，趵突泉是否真的会喷水；想要找个好工作，成为一个能带给别人帮助和温暖的人……

是啊，你看到的没错，一张明信片在这群孩子的眼里就是这样的美好珍贵，一些祝福的话语在这群孩子的心里就是这样的新鲜有力。谁会想到，那天在山东大学的校园里，只是偶尔路过，动了动笔写下了几行字，在4000多公里外的新疆，就引起了"山大效应"。在这个信息化时代里，每个人的关注点都在手机、电脑这样的通信设备上。也许，通过书信呼应的方式，加上一份远方的祝福，因为距离以及各类因素给人们竖起来的高墙就能成为透明的。教育，就意味着一棵树摇动另一棵树，一朵云推动另一朵云，一个灵魂唤醒另一个灵魂。

第十九届研究生支教团成员白硕鑫说："孩子们收到明信片有一种比较新鲜的感受，因为很多孩子从没有收到过明信片，也很少有笔友什么的，所以他们对这种方式感到比较新奇。孩子们可以了解到山大，至少可以有个外界的声音能让他们听到，有个属于他们自己的倾诉对象，有个不会谋面的知心哥哥、姐姐，也就没有很大的压力，而且孩子们在叙述自己家乡的事情时，也可能会增加他们的归属感与自豪感。同时可以帮助他们建立目标，促进他们学习，甚至可能改变他们很多人的命运。而山大学子作为一名大学生，心智均比较成熟，可对支教地孩子们进行一定程度的心理疏导。"

廿载光阴 薪火不息

——山东大学研究生支教团二十周年青春礼赞

山东大学研究生支教团的"信疆游——一张明信片的奇幻漂流"活动开始于2017年，通过一张山大特色明信片正逐渐搭建起一条山大学子与新疆儿童心灵对话的桥梁，传播山东大学"学无止境，气有浩然"的文化内蕴。在越来越多的边疆少年心里埋下希望的种子，感受山大情怀。截至目前，共计收集了明信片1000余张，并已全部发放到孩子们手中。孩子们对明信片的兴趣极高，并与留下联系方式的哥哥、姐姐们进行了深入的交流。2018年研支团联手新疆师范大学，开启了明信片在济南、乌鲁木齐、伊宁、和田四地的漂流。

山东大学第十八届研究生支教团成员梁蕾说："在新疆当支教老师，我们最直接、最经常接触的就是性格迥异的孩子，和孩子的相处，是知识与情感的双向传递。师者，传道授业解惑也。道无常道，业有专业，解惑相对最易。于是我们预备在学校内设置山东大学研究生支教团专属信箱，为孩子们答疑解惑，更多的是传递一种积极向上的态度。也许一年时间太短，只要我们接力不断，那么每一位到这里服务的'山岩'，都可以和孩子们一起，共经历，共成长，共欢喜。"

我们在讲台上播种理想，你们在校园里沐浴书香。我们怕一年时间来不及成为彼此的知己，所以鼓励自己的同学同伴都加入这个队伍，用一张张明信片把在伊犁的杏园栉风沐雨的你们和在济南的大明湖静待花开的山大学子联系在一起。于是，"信疆游"应运而生，鸿雁传书，文字寄意，为了你的笑脸，跨越千山又有何难？

（文/苗　荣　魏华宇）

第五话|爱的奇遇记

妈妈告诉我
沿着弯弯的小路
就会走出天山
遥远的济南府
有一潭碧绿的大明湖
湖中的睡莲非常美丽
我对妈妈说
我多想去看看,我多想去看看!

2018年4月12日,山东省济南市燕山小学四年级九班窗明几净的教室里,学生们在安静而专注地看着黑板,如同往常的课堂一样。不同的是,讲课的不是日常授课的老师,而是一位漂亮又和蔼的大姐姐。讲的内容也不是语文数学,而是新疆的风土人情,黑板上没有复杂的公式,只有一行简单的字"和你一起,加入爱的奇遇记"。

大姐姐的名字叫李杭耘,来自山东大学研究生支教团。作为支教团第十七届新疆队的成员,她曾经远赴千里之外的新疆伊宁,在那里进行了为期一年的支教。在那里她和其他的队友们看到了万里的晴空、广阔的草原和熏衣草的花海,看到了民族的风情、独特的风俗和多彩的服装;但最重要的是,她们看到了一群纯洁而又积极的孩子。

由于地域和文化的差异,那些少数民族孩子们的生活、学习和思维方式与东部的孩子们还是有不小的差异,而距离和差异是美的源泉。"济南的冬天真的那么美丽吗?大明湖到底有多大?济南的小朋友们平时课余都玩些什么游戏?……"他们对这座东部城市的一切都是那么好奇。同样的,当听到老师们讲到新疆的故事,燕山小学的同学们也都好奇地举起手来提出了各种各样的问题。与新疆相隔万里的他们,鲜有了解这片土地的机会,对那儿的一草一木都充满了浓浓的兴趣。于是支教团希望在两地孩子们之间搭起一座跨越万里的桥,让孩子们上演一场"爱的奇遇记"。

得知能与新疆的小朋友们结对变成好朋友，燕山小学四年级九班的孩子们十分开心，班里的每一位同学都在给自己远在万里之外的未见过面的好朋友准备着一幅精心绘制的图画。小朋友们表达重视的方式跟成年人稍显不同，重视在他们这里，便是很简单地把每个动作十分仔细地完成，用直尺比着折痕认真裁下画纸，用铅笔轻轻勾勒出图画的轮廓，用各色的水彩小心谨慎地上色……不管是文静的小姑娘还是欢脱的小伙子，大家都在安安静静又忙忙碌碌地用心准备着，只是画略有不同，每个人手里的作品都只完成了一半，留下了一大块空白。

"除了彼此间的交流，我们想了很久，怎样才让两地的小孩子们真正完成一次合作呢？最后便想了这个办法——爱的漂流。"与李杭耘一样，张来仪也是来自山东大学研究生支教团的一员，此刻的她，正忙碌地教着孩子们完成手里的画作。"这种方式还是很受孩子们欢迎的，两边的孩子都很期待如此一种别样的合作。画出半幅能够代表济南以及孩子们炙热友谊的画，剩下的部分将由远在新疆伊犁的结对伙伴来完成。当画作合作完成时，也代表着孩子们的心结成了一体，成为真正的朋友。这在某种意义上也是见证民族一家亲的时刻。"

让我们格外注意的是，一位小男孩左手受了伤，打着厚厚的石膏，单手纵然十分不便，但他还是坚持将画画完。来仪老师耐心地指导孩子们作画，最后每一位小朋友都激动无比地交上了自己的作品。与其说是作品，其实更是每个人的心意。画虽然简单，里面却蕴含着汉族孩子和少数民族孩子之间的友谊。这是一次爱的探索，留下了相互之间的爱和信任。

爸爸告诉我
沿着宽宽的公路
就会走出济南
遥远的新疆
有美丽的天山
雪山上盛开着洁白的雪莲
我对爸爸说
我多想去看看，我多想去看看！

2018 年 5 月 24 日上午，新疆伊犁伊宁县第二小学三年级三班的教室里，一堂别开生面的班会课正在展开，班会的主题是"爱的奇遇记——伊宁县二小与济南燕山小学民族团结手拉手结对联谊活动"。山东大学第十九届研究生支教团的白硕鑫正在带领孩子们兴奋地拆着一份份神秘的礼物。

山东济南燕山小学的同学们精心描绘的图画和满载着情谊的书信，翻山越岭，横跨近4000公里的旅程，终于送到了伊宁县二小孩子们的手里。一听是济南的小朋友画的画、写的信，孩子们兴奋得不得了，从白老师手里接过画，兴高采烈地讨论着彼此收到的画作。

白老师细心地为大家介绍了燕山小朋友们的绘画，告诉他们燕山小学的伙伴们画下了济南的哪些美景，并且让每位同学在这些画的另一半里，将自己的家乡新疆用画笔描绘出来。伊宁县二小三年级三班的孩子们认真地画下了雪山、草原、羊群……也一笔一画地写下了自己的名字，希望远方的小伙伴也能认识自己，看到自己美丽的家乡。

当大明湖与草原相遇，当趵突泉与天山邂逅，我们看到的不仅仅是异域风光的碰撞，更是两地孩子们彼此的相遇相知，在一幅幅稚嫩但纯洁的画作里，民族团结不再是大人们的口号，图画中的心意真真切切地体现出了各民族之间的真情。只要有共同的兴趣，大家都可以成为挚友与亲人。

随后，白老师给同学们分发了结对伙伴为他们一对一写的信件，同学们更是高兴地蹦了起来。有些孩子惊讶地问老师："老师，这个小哥哥怎么知道我的名字？还给我写了封信！好神奇！"

他们迫不及待地打开信封，想马上就看看济南的小朋友给自己写了什么。白老师教育孩子们礼尚往来，希望大家回家之后能认真地给远方的小伙伴回信。

其实这次"爱的奇遇记"，内容并不复杂，但却充满着真情，简单地说就是"四个一"：除了共同完成一幅画，两地的孩子们还互赠一封信，各自拍一段视频，互相送一份小礼物。但就是这简单的"四个一"，却将带着汉族孩子和少数民族孩子之间的友谊完成一次爱的漂流，找到来自遥远的新疆"一对一"的那个朋友，给了他们彼此一份不一样的回忆。

2018年11月28日，山东大学研究生支教团的成员们带着来自新疆维吾尔自治区伊宁县第二小学的孩子们制作的信件、图画和礼物赶赴济南市燕山小学，将4000公里之外西部地区孩子们的爱与祝福传递到祖国东部的孩子们手中。这次，我们将新疆孩子们的爱又带回了济南。"山岩"们给孩子们发了让他们期待已久的信件和礼物。其中一份礼物是一个暖宝宝和一张明信片，明信片上写着"如果这个冬天你冷的话，就用这个暖宝宝吧！"简单的礼物配上温暖的话语，让人感受到别样的温情，孩子们的世界如此简单纯粹。

这场爱的奇遇记，不仅是礼物和信件的交换，而且还为内地与边疆的孩童架起一座彩虹般绚烂的桥梁。关爱少年儿童就是关爱祖国的未来和发展,为他们营造一个健康、快乐、平等、和谐的成长环境,将使我们的社会更加和谐。山东大学研究生支教团希望通过自己的行动,为他们搭建沟通的平台,给两地孩子们一个心灵相交的机会。同时,山东大学研究生支教团也一直致力于献出自己的一份爱心,带去青春正能量,助力儿童成长,为民族团结贡献自己的力量!

亲爱的
接下来的日子
让我们在爱的奇遇记里找到世界上另一个我
我知道,在那里,有我的朋友
我们一起长大
他/她和我一样盼望着、爱着
有一天
我们能够在某个地方相遇

（文/王晓嵩　魏华宇）

第四目　廿载随笔

编者按:二十年的时光,留下了一届又一届山东大学研究生支教团成员的青春记忆。“廿载随笔”部分是来自山东大学团委领导及研究生支教团历届成员对于支教生活的感悟、体会。我们节选其中有代表性的部分内容,追忆往昔,参照未来。

第一话|山大校团委访山西支教地

结束一天的疲惫,依旧以为在颠簸的汽车上。“地无三尺平,路无百米直”,这是今天走过的路的真实写照。

早晨七点出发,弥天大雾,能见度不到20米,前面汽车的双闪灯时隐时现,我们的车在盘旋的山路上蜗牛般爬行。路的一侧是大山的“基座”,另一侧是迷雾笼罩的山谷,深不可测。司机师傅瞪大眼睛,努力看清前行的道路,躲避着迎面过来的拉煤货车。我握紧拳头,心中默默地祈祷一路平安。9点左右,大雾褪去,太阳爬上了山头。此时我们才可以看清山路两侧,一侧的山体被简单的草皮覆盖,碎石散落,透露着岁月风化的痕迹;另一侧的山谷不算太深,一棵棵白杨树挺拔笔直,山谷中散落着几户农家,房舍低矮破旧,却让人感觉到生机和温暖。白杨树上时时可以看到一些硕大的鸟巢,但没有看到鸟,听当地人讲,这里的鸟类多是候鸟,此时它们已经飞出大山,飞向了遥远温暖的南方。

大约在9:30,终于抵达我们的第一个目的地——上寨中学。支教团的同学们早早地在大门口迎接我们,我们热情拥抱,心情非常激动。他们向我讲述两个月来的工作、学习和生活。我很欣慰:当新奇褪去,平淡充满生活,他们依旧激情高涨,用责任和行动践行当初的承诺——用一年不长的时间,做一件令人终身难忘的事。学生们告诉我,这里的孩子们很朴实,也很好学,但是祖祖辈辈都是日出而作、日落而息,传统的思想并不要求他们走出大山,因而这里的辍学率特别高。简单聊了聊之后,上寨中学孟校长带着我们实地考察了学生上课的教室,随行的高工也拿出了设备测试当地的网络环境。此行,除了来看望我们支教团的同学们,我们还肩负着实施远程网络教学计划——“飞翔的梦想课堂”的重任。我们希望能够通过网络把山大优质的教学资源、课外活动、师资培训、传统文化传输到大山深处,给孩子们带去希望。希望有一天,他们能够像候鸟一样跨越大山,看到外面的世界,这也许就是我们支教真正的意义吧。

考察完上寨中学，我们赶往下一个支教地——下关中学。在那儿支教的研究生带领我们参观了他们的宿舍和所谓的“厨房”。学校放假的时候，他们就得自己买菜做饭，简单的厨具是上几届研究生支教团留下来的。我问他们做得如何，他们乐观地告诉我，要求不高，能做熟就行。我不由心生几丝敬佩。接着他们带我们参观了支教团成员新建起来的图书馆，同学们参照山大的图书分类方法对图书进行了整理，一一贴上了标签。我在教学楼门口的黑板上不经意看到了一则用粉笔写的通知，落款是“学生会”。同学们告诉我，这也是他们来了以后成立的。

忙完工作，下关中学的郑校长执意留我们吃饭。这个朴实的山西汉子很尴尬地告诉我们学校的经费有限，只能到食堂去吃。午饭是一大盆米饭，一大盆烩菜，里面有粉条、西红柿、白菜、土豆和几大片肉，还有一大碗酸菜，一大锅蒸的南瓜和土豆。同学们告诉我，肉是用来招待贵宾的。他们吃得很香，说好久没有吃到肉了。我盛了一碗米饭，舀了一大勺烩菜。烩菜吃起来确实很香，蒸土豆和南瓜也很好吃。随行的郭书记在回去的路上告诉我，因为学校放假，没有人做饭，所以是郑校长亲自下的厨。

吃过午饭，我们要赶路。走出校门，几个学生站在那里。一问，原来他们走了好几里山路来见曾经教过自己的老师。听说我们要走，一个女孩却哭了起来，怎么也劝不好。我们允诺女孩有机会还会再来，希望她好好学习，考上山大来找我们。

带着满满的感动我们踏上了去平型关中学的旅程。平型关离这里大约有100公里的山路，蓝天白云相随，山坡上是星星点点的山羊和放羊的老人，像一幅画卷。途经花塔古村，郭书记建议我们过去看一下。穿过一段狭窄而又悠长的人工隧道和盘山小路，我们进入大山深处。这里坐落着花塔村。花塔村在中华人民共和国成立前基本与世隔绝，现在仅有一条狭窄的人工隧道与外界相连。隧道完全手工开凿，仅能容一辆小车通行，长五六百米，不禁让我感叹人的伟大。因海拔较低，这里的气温比外界要高，叶子还没有完全落光。村中鸡鸣狗吠，小桥流水，炊烟袅袅，老人们坐在家门口晒太阳，孩子们嬉戏玩耍，年轻人在收割成熟的大白菜。我想这里就是陶渊明笔下的世外桃源吧。

车子继续前行，路标显示距平型关还有15公里，路边的景观开始发生变化，很少能再看到村庄，两边只有延绵不断的山脉。山坡上一层层有规律的白点映入眼帘，数以万计，异常壮观。转过山来，山体上几个大字引起我们的注意——“绿化山西”。哦,原来,山坡上每一个白点都是一个用石灰砌成的小土坑,里面都种着一棵小树苗。这得是一项多么浩大的工程!不远的将来,小树成长起来,山坡披上绿纱,不再是裸露的石头,那该有多么的漂亮,想想都令人振奋。

5点左右,我们到达平型关中学,刚才还是晴空万里,这会儿却下起雨来,风很大,气温骤降。校长在学校门口迎接我们,校园里面一片漆黑,应急灯发着微弱的光亮,原来这里停电了。四个支教的同学,只有三个在场,另一个因生病回老家大同治疗。下午6点,我们赶回县城。

车在山路上行驶,我闭上眼睛,细细回味一天的行程,很累但是很感动。我在心中默默地祝福支教团的孩子们,祝福灵丘的孩子们。

(文/顾乃静)

第二话|惊喜与感动

昨晚在学校值班室睡了个通宵，天还没亮就早早地回到宿舍，换上整洁的衣服，为的是参加学校为迎接全县 80 多所学校校长和县教育局领导观摩所准备的升国旗仪式。上午带着县电视台的摄影师在校园里到处采景，为即将来临的学校自治州德育达标作最后的准备。送走摄影师以后，回到办公室就开始在网上搜索关于“应对 2008 年金融危机　国家财政 4 万亿元支出”的新闻视频，制作课件，为第四节课作准备。中午在附近的面馆美美地吃了一顿过油肉，简单休息了一会儿，又早早地回到学校，为下午的两节课作准备。上完课，回到办公室继续整理学校自治州德育达标的档案，晚上 11:30，踏着纷纷的雪花跟队友们一起回到宿舍，结束了一天的工作。

每一天的支教生活都是普普通通的，但却因为某些人不经意间的言行，不经意间发生的一些事而变得充满温情，充满感动。

为人师者，敬业爱生——来自校长的感动

昨天晚上值班的时候，恰逢学校实行校领导轮岗制的第一天。所谓“校领导轮岗制”，就是每天都会有一名副校级以上的领导带着两名保安 24 小时在校园里巡查，每天轮班，目的是避免学生打架斗殴，以便更好地维持校园安全和秩序。校长把自己安排在第一天。晚上 11:30，学生晚自习下课回宿舍。我作为值班老师，要与两名保安一起在男生厕所、宿舍楼前后巡逻。因为是第一次巡逻，心里不免有些紧张。巡逻的时候我紧紧地跟着保安大哥们。他们健壮的身躯外加身上的警服和腰间的警棍给我带来了些许安全感。

在男厕所，一名高一的学生正在抽烟，被我们逮了个正着。我们把他带到厕所外面，准备进行批评教育。但因为我之前从来没做过这种事，毫无经验可循，正愁该怎么办，恰好校长来了，这件事儿就由他来处理。校长问明情况后，没有严厉地批评与指责那名学生，而是让他第二天上课的时候自己去找班主任承认错误，然后就让他回宿舍了。我心想：那名学生找不找班主

任谁也不会知道，这不是一种纵容吗？在接下来的巡逻过程中，我跟校长说出了自己的担忧。他笑了笑，用江苏特有的口音告诉我："对待学生需要的是信任和宽容，我相信他！"那一刻我想到了自己的老师们，当我犯错的时候他们是不是也是这么想的呢？现在自己是一名老师，对学生也得学会信任和宽容！随后，我们又在学生宿舍楼周围看了看，熄灯以后又在男生宿舍楼周围转了转，期间遇到了一对疑似早恋的学生，还有两名带手机的学生，校长都一一做了处理，这里不一一细表。

忙完所有的工作已经接近凌晨1点。校长是一名援疆教师，姓陈，今年已经50多岁了，双鬓斑白。还有两个月他就将结束自己的工作返回南通。即便这样，重感冒在身的他依然跟我们这些年轻人一起来回地爬楼、巡逻。校长用他的行动给我上了生动的一课，让我明白什么叫"敬业"，什么叫"为人师表"。

故事还没有完。今天下午我到一个班代课，那个抽烟的学生恰好是这个班的。快下课的时候，我走到他身边。他告诉我："老师，我跟班主任说了，我错了。"

"老师，节日快乐！"

今天不是教师节，但我却收到了来自一个班学生的祝福。

今天下午，因为一名队友临时有事儿，我就帮他代了一节课。预备铃响了以后，我早早地走进教室。因为还没有正式上课，我就跟他们班的学生在一起闲聊。为了普及一下志愿者日，我问他们："同学们，知道今天是什么日子吗？"学生就在下面七嘴八舌地乱猜。"安静！"我维持了一下秩序，"大家要记住，今天是世界志愿者日！""老师，您不就是志愿者吗？"之前课间的时候，我曾跟他们说过支教团的来历。"嗯。"我笑着点点头，学生能记住自己讲过的东西，这应该是老师最欣慰的事儿了。"那今天也算是您的节日啦？"有的学生问。"嗯……算是吧！"时间快到了，我正整理PPT准备上课，突然，全班同学一起喊"老师，节—日—快—乐！"面对这意外的惊喜，我竟有些手足无措，这幸福来得也太突然了！

今天是国际志愿者日，没有热闹的活动和表彰大会，但对我来说，学生们的问候是最大的奖彰。有很多人问我，为什么支教？为什么当志愿者？我告诉他们，志愿者是这么一群人，他们甘于长期吃苦，甘于长期寂寞，甘于长期奉献，他们平凡但光荣。今后，如果有人再问我的话，我还会告诉他，志愿服务最大的魅力在于，你永远不知道在什么时候，它会给你一个大大的惊喜！就像今天这样。

一夜清风来，遍地雪花开——来自造物者的小小惊喜

为了准备下周伊犁哈萨克自治州教育系统德育达标示范校和依法治校的档案检查工作，晚上加班到11:30。昨天的熬夜，加上今天一整天的忙碌，满身的疲惫充斥于内心。走出办公楼，突然发现地上不知不觉落满了一层薄薄的雪，幽静的校园一片银装，空中瓣瓣雪花摇曳着曼妙的舞姿。呼吸着清凉湿润的空气，感受着雪花的轻柔冰爽，所有的疲惫在一瞬间散尽，说不出的惬意舒适。

现在，我坐在宿舍的书桌前写着这篇文章。此时是北京时间凌晨4点，我是一名教师，我是一名支教志愿者，我在伊犁。

（文/于新九）

第三话|这个冬天不太冷

一场小雨过后,气温转到零下,孩子们的两颊开始泛起晕红。一晃眼,我在这里已过了两个月。

去年今日的夜晚我大概还在对着一台电脑面红耳赤地敲键盘,如今备完课抬头看看高挂的月亮,遗憾却又满足地钻进被窝,想着明天要突袭哪个孩子背课文,然后适当吐槽,慢慢地安下心来睡去。

山里的严寒来得勤、来得早。腊月未到,教学楼外已挂上了厚厚的"棉布帘"。早起跑操的孩子们冻得先得跳一阵才能积聚些被窝里残存的热量。微带杂乱的步伐和孩子们清脆的口号,是平常一天的开始。

初一的孩子们刚上中学,学习上先不说,对自己生活上的照顾尤其疏忽,一个背心一个单褂,在清晨六点的冷风中瑟瑟发抖,倒是将意犹未尽的睡意驱散得干干净净。我负责初一两个班的语文兼任班主任以来,这段日子似乎是最难熬的,骤然降温压垮了许多孩子的身体。一个同学在日记里满怀愁苦地写道:"我家在阴面,我们的宿舍在阴面,我们的教室在阴面,看来我这辈子摆脱不了阴面了。啊,冬天来了!"

冬天真的来了,来得"霸气侧漏"。班里38个学生在三天内病倒了26个,请假条撕没了,感冒药发完了,两个宿舍晚上少了打闹的声音,时不时有学生在我睡意盎然时敲门大叫:"老师,不好了!"几天后的早上,我走进教室,一股阴冷"排山倒海"而来。我说:"受不了了,要不咱们去宿舍楼上课?"仅剩的孩子们大叫:"老师,宿舍楼更冷!"我说:"那真没暖和地儿了,要不我跟校长申请一下停几天课?"李勇站起来大喊:"老师,操场上暖和!"我怀疑他是在拿我寻开心,跑到操场,太阳直射在站台上,地上有微黄的光晕,果真比教室暖和多了。我心里想着这是多么无语的事儿,然后真的把课堂转移到操场。那一刻,我觉得这种场景只应该出现在电影里。

回想初来时,我看到班里数学平均分只有40分和英语课上学生们不知道主谓宾的震惊,到现在面对数学一片个位数,日记里全是错别字的淡定;从之前看到学生家长破门而入、横冲直撞地要和你理论而不知所措,到现在在电话里把他们开导得连连说"是"、连连说"好";从开学时因事必躬亲而忙得焦头烂额，到现在文武并用、垂拱而治；从孩子们初见我时害羞拘谨，在我面前怯怯懦懦，到现在和我嬉笑打闹，互相揭短，我越来越觉得，我不需要多么辉煌的成果、骄人的战绩，只要尽己所能，增益其所不能；不要用任何形式伤害这些孩子们，这就是教学的最低准绳。

据说爱的教育是最有效的教育，孩子们对你最亲也就最愿意上你的课。我深以为然，然后践行之，结果语文作业全都一塌糊涂。这让我很困惑，觉得爱的教育适得其反。后来有一天我看到有个学生在日记中写道："我宁可老师每天打骂和督促我，也不愿老师和蔼可亲却不管我。"我想这大概是个突破口，之后在课堂上大吼一声："这次考试70分以下的站到后面去！"这些熊孩子愣神一下，然后乖乖听话。站成两排后，我再次下令："都给我做一百个深蹲！"然后他们"一二三四、二二三四、三二三四……"地做完后回到座位上。我说："以后还认不认真？""认真！"不久以后，孩子们的作业水平和考试成绩有了明显提高，我想这些孩子们天性里都是渴望受关注的……

但我最头疼的是，作为老师的威严有时会荡然无存。晚上下自习后，隔壁班里的几个女生跑过来说："老师您过来一下，我们问您几个问题。"我想，那敢情好，你们终于开窍肯问问题了。结果，我拿着书刚一进去，就被一堆女生围住："老师您有女朋友没？她漂亮吗？给我们看看照片……"我怔了一秒钟后，羞愤而起，正要扬长而去，几个女生把门一插，用人墙一挡，顿时让我没了着力之处。我顿时想到前辈当初对我说的：当地民风彪悍，女性尤甚……第二天我一进教室，就在黑板上写下"矜持"两个大字，并义正词严道："认识这俩字吗？"下边男生一片茫然，女生则哈哈大笑。我在无奈中也只能一笑。

88班的班主任对我说："孩子们听说你只教一年，都舍不得让你早走，让你留下。"我强装淡然，内心却波涛汹涌，莫名地想起一首歌的名字，叫作《这个冬天不太冷》。

（文/宋光宇）

第四话|回音阵阵

大山深处的回音

太行山,是我国北方的著名山脉,也是新中国的革命摇篮。在太行山深处,有一群孩子,他们渴望走出大山,渴望开创属于自己的新生活。为了实现孩子们的心愿,有这么一群来自山东大学的学生,他们坚持到这片山区支教已经近20个年头,他们就是山东大学研究生支教团灵丘支教队。

盛夏时节,我们踏上了探望支教队的旅程。坐在绿皮车厢里,随其颠簸起伏,延绵的大山被抛在身后,一座座山峰又重新出现在眼前,我们感受到了这终究不是一段轻松的旅程。晚上10点,我们到达了灵丘车站。虽然已是立夏时节,但走出车站的那一刻我们仍然感受到了大山深处的凉意。入驻酒店后大家无暇顾及休息,因为我们要为支教团的战友们准备一份礼物,这样可以节省他们赴县城采购的时间。

来自团组织的回音

第二天一大早,大家便来到了灵丘县委,与团中央扶贫队的阚队长亲切交流起来,共同回忆了山大灵丘支教团的发展历程。

阚队长的桌上正放着灵丘支教队队员完成的调研报告《关于某革命老区农村寄宿制学校学生心理健康调研报告》,我们的交流也是从这个报告开始的。根据支教团的调研情况,大山里的孩子普遍内向,不善于表达自己的情感,缺乏与外界交流沟通的机会。他们的世界是封闭的,但他们又非常渴望与外界接触。基于以上情况,我们为山区的孩子完成了一次心理健康状况的摸底普查,为支教团开展心理辅导积累了原始资料。阚队长高度评价了这份报告,并为我们支教团对灵丘教育事业所做的贡献表示感谢。

来自支教学校的回音

随后我们正式向支教学校进发，盘山路的崎岖无法阻挡我们奔向支教学校的热情。一个小时的车程后我们到达了上寨中学。上寨中学的孟校长在门口迎候我们的到来。看到学校的变化，我们都感到无比的振奋。

2013 年开始，山大开始打造“飞翔的梦想课堂”项目，通过在教室里搭建远程网络平台，实现了山大附中与支教地学校的资源共享、教师远程培训和山大名师课堂的同步转播，为这里的孩子们带来更加丰富的教育教学资源。该项目获得了师生们的一致好评。

走访的第二站是下关中学，距离虽然只有 20 公里，但颠簸的山路还是让我们花费了接近一个小时的时间。在学校杜校长的带领下，我们重点了解了“心巢计划”项目，该项目是针对乡村寄宿制学生，为他们提供有关心理健康的专业服务。项目前期通过对对口的三所学校以及县城的两所学校进行调查，针对乡村寄宿制学校学生的心理健康状况进行了解研究，形成了有针对性的调研报告；依据该调研报告所反映的真实情况，在三所对口学校建立“情感树洞”心理咨询室，依靠当地学校的心理辅导老师与山东大学心理健康中心、山大附中心理咨询室的专业人员，为孩子们提供更加有针对性的心理辅导服务。如今，下关中学的“情感树洞”心理咨询室已经建设成为本地区中学中最专业的心理咨询中心之一。

走访的第三站是平型关学校，这里是抗日战争时期著名的平型关战役所在地，优良的革命传统铸造了这里严谨朴实的学风。在这里，我们重点走访了由山大学生建设的“图书漂流站”。“图书漂流站”是山东大学研究生支教团的公益项目，已历经三载，初衷是为山区学子带来最新最有价值的课外读物。这个项目的推广可以让学生们更加珍惜学习、读书的机会，励志笃行、奋发图强，用勤奋和努力为这份爱心和期望交上一份美丽答卷。

来自我们的回音

支教团是一所大学校，十九载风雨兼程，砥砺前行，目前已经有近 300 人参与到支教的行列。经过一年的磨炼，他们已经成为工作岗位上的中坚力量。他们有的是在共青团岗位上奉献青春，有的是在学生教育管理工作中担任主力，有的在教学科研岗位上做出了突出的成绩，有的毕业后选择回到义务教育的第一线继续传承梦想。

孙建德,2000 年赴灵丘支教,目前在山东师范大学担任教授;刘奇耀,2002 年赴上寨中学支教,目前是山东财经大学团委书记;潘永君,2003 年在上寨中学支教,目前在教育部办公厅工作;李永卫,2005 年于灵丘支教,目前在山东大学哲学与社会发展学院担任团委书记;王强强,2008 年赴上寨中学支教,目前在山东大学齐鲁医院工作……

他们在各自的岗位上建功立业,用自己辛勤的付出展示出支教人的品格与本色。支教一年的付出,已然沉淀为其人生发展的给养,一年的收获将支撑起未来发展的风帆。

(文/张　熙)

第五话|一个月前的今天，我们陪他们走出了大山

在山的那边，依然是山

从下关九年制学校的窗子望出去，是砖红色的屋顶。学校在山顶，经一条狭小的土路通往村子。如果走出校舍，向山的那边望去，依然是山。下关九年制学校是这个乡镇的教育中心。在这里就读的有200余名学生，他们中的大多数一辈子都没走出过大山。

下关乡位于山西省的东北部，距离省会太原300多公里。抗日战争时期，一位金发碧眼的大夫在这里创办了一家“特种外科医院”，从此“白求恩”的名字在中国家喻户晓。下关乡所在的灵丘县是国家级贫困县，这里家庭的月收入平均只有1000元左右。这些父母汗流浃背、一块一毛积攒下的辛苦钱勉强维持着全家人的生活。

眼前的大山能挡住很多东西，但挡不住孩子们的想象力。上课的时候他们也偶尔会望着窗外发呆，望着蓝天、云彩和鸟——他们见过的东西不多，可想象力却很丰富。

仅凭着有限的信息，他们竟然在脑海中描绘出了山那边的样子：那是443公里以外，他们的老师——那些山东大学的哥哥姐姐们——生活的地方。

“在那里分布着不同的高楼，如教学楼、艺术楼、宿舍楼，也有着大的图书馆，以及闻名已久的大学食堂。”

“教室里，老师细心地讲课，学生们聚精会神地听，整个学校里充满了书卷气。那儿的图书馆里有着数不胜数的书籍，想想就很棒。”

孩子们在作文中尽情地想象着。

就连这些想象力丰富的孩子们都没有想到的是，有一天，他们竟能亲自去到那个幻想过无数次的地方，亲眼瞧见他们作文本上描绘的校园。

2018年12月9日，在山东大学研究生支教团和山东大学联想idea精英汇、山东大学腾讯互娱高校联盟的努力下，下关学校的四名学生和来自另外三所支教地贫困学校的同学一起坐上火车，去往山的另一边。

“我终于要见到心目中最伟大的大学了。”

八年级的王丽宁在日记中写道。

北京，北京

在去济南之前，孩子们先去了首都北京。

从灵丘到北京，虽然相隔只有200多公里，然而北京和这里相比简直是另外一个世界。虽然天上看不到星星，夜晚的灯却温暖又亮堂，把半个天空都点亮；深夜的街头仍旧车来车往，路上的行人似乎不需要睡觉；一路上，北京的高楼大厦太多了，仿佛直入云霄。孩子们在家乡的夜晚是与此截然相反的，乡村的夜晚来得很早，夜晚短暂的喧闹后村里便一片静谧，只有几盏昏黄的路灯和几声狗吠的声音；而村子里最高的房子，也只是一座平房。

在北京的街头，孩子们看什么都觉得新奇：

“天安门城楼上挂着的毛主席像，可比挂在奶奶家墙上的那张要大得多；卫兵站得笔直，似乎连眼睛都不会眨一下。”

像天安门广场上这么大阵仗的升旗仪式，孩子们还是第一次见到，他们激动又庄严地向国旗敬了个少先队礼。

“首都”对这些孩子来说，是个有些难懂的词。灵丘的孩子们认识世界的途径只有书和电视。乡村、县城、山，是他们十几岁时光的全部空间概念——还有济南，他们的老师是来自济南的。

“老师，北京离济南远吗？”孩子问。

北京城对这些孩子们来说吸引力似乎并不大，他们只想快点去济南看看，因为那里有他们心心念念的大学。

山大，我是大山的孩子

孩子们在山大的第一站，是位于知新楼顶层的博物馆和校史馆。

在历史文化氛围浓厚的两馆中，孩子们表现出对山大浓厚的兴趣。他们几乎是贴在玻璃上仔细观看展品的细节，脸上是抑制不住的惊叹和兴奋；在参观过程中，他们不断发问，想要知道更多关于山大的故事。

同龄的城市孩子们可以在每个休息日乘着公交车去省里、市里的博物馆参观，可这些孩子的家乡没有这样的博物馆。仅仅一个大学的博物馆，足以让孩子们激动万分。

“在山大的历史长河中，我看到了山大从前的努力和今日的辉煌。”

上寨中学的一位学生在自己的游学日记中这样写道。

在基地老师的带领下，孩子们亲手体验了许多旧时流传下来的传统文化。关于对传统文化的体验感悟，上寨中学八年级的李娜说："我们要学习它们，不要让传统文化葬送在我们手里。"

李娜是一个活泼开朗的姑娘，她爱笑、好奇心强，和城市里同龄的女孩没有什么不同。在趵突泉校区参观标本室、做趣味实验的旅程结束后，她俏皮地告诉我们，在实验室里遇到了曾经在上寨中学支教的英语老师孙悦，如今，孙悦正在攻读药物分析学硕士研究生。"我们听说，老师好像有男朋友了。如果是真的，那就祝他们和和美美、快快乐乐的。如果是假的……不可能是假的！"

而这美好的一天对李娜来说，也有一些小小的遗憾。一天的参观结束后，他们一起去电影院看了场电影："很刺激的电影，我居然睡着了，人生一大悲剧啊。"她在日记中写道。

而这部作为紧张行程中小小插曲的《神奇动物在哪里》，是几乎所有参与游学的孩子人生中看过的第一部电影。

突然，架起了一座桥

常常有人会对山区的孩子有一种看法：他们对知识不感兴趣，对学习不上心；他们的家长对孩子的学业没有过高要求，只希望孩子长大之后男孩继承土地继续耕作，女孩嫁个好人家相夫教子。

他们错了。

支教的老师们常常会遇到这样的家长：即使下雪或者路很黑，也要坚持接送孩子上下学，坚持让孩子上完重要的课程再回家。当地民众并非不重视教育，只是贫困让家长无法给孩子提供更好的教育条件。在山西吕梁的杨家坡小学，一个班容纳了从一年级到六年级的所有学生，而授课的教师只有一名。可孩子们仍旧在努力地学习，努力地吸收老师教授的所有知识。

他们渴求知识，但现实没法满足他们。

山西灵丘县与河南确山县是团中央的定点帮扶的贫困县。这些年，在国家资助下，这里办学条件正在逐渐变好，但依旧无法和国内大多数城市的学校相比——毕竟，当地经济条件没办法支撑起更好的办学条件，也就导致了"一村无一人考上大学"的窘境。

距离灵丘县 400 多公里的山东济南，情况则大为不同：当地的重点中学山东大学附属中学，硬件设施堪称强大：五个高标准物理、化学、生物实验室，一流的学术报告厅、多媒体教室，图书馆、阅览室全天对学生开放；师资力量也令人惊叹：五位特级教师、三位高级教师；在常规学习之外，同学们积极参与汇演、艺术节等各种文体活动，还有美食课等各种拓展课程——这些条件，即使是想象力再丰富的山里孩子也没办法想到。

对于山里大一点的孩子们来说，一项新的帮扶计划使他们有了和山东大学附属中学的同学一起上课的机会。

游学计划在两校之间搭起一座桥，为孩子们提供了一窥另一种生活模样的通道。来自大山的孩子们拥有强烈的求知欲，他们认真听老师讲每一个知识点，恨不能记下老师所说的每一个字。

老师们也曾担心过大山的孩子会难以融入山大附中的集体当中，事实证明这样的担心并无必要。

孩子们都是相似的，他们的美好是相似的、单纯是相似的。他们看待世界的眼光，并未沾染成人世界盛行的金钱观与阶级观。

山大附中的同学会在每个课间，热情而开心地簇拥到同班的客人面前，好奇地问东问西，带他们一起玩游戏，一起在美食课上加工半成品食物，一起去校门口义卖，一同捐助所有义卖的款项。

他们不觉得彼此有什么不一样。

他们本就没有什么不一样。

“我在山大等你”

研究生支教团的老师们，只能在这趟旅程中，陪孩子们一年的时间。

当他们回校继续学业时，会有新的老师接下这份事业，继续陪着孩子们长大，从稚嫩的大学生一点点地向成熟的老师转变。

一年的时间很短，可是足够在孩子们和老师们的心中都留下珍贵的记忆。老师们常带着不舍离开，偷偷回到学校看望孩子们。不知道去了有什么用，可是还是想去看看自己的孩子。

孩子们也想老师，每次老师回学校，班里的氛围都像过节一样。

这次旅行是郑军峰第一次离开灵台县。

这个不善言辞的小姑娘，看见不熟悉的人常露出几分怯生生的模样。她在学习上非常努力，曾因为记不住英语单词而急得直抹眼泪。

可她爱笑，爱笑的女孩总是受人欢迎，班里的同学都很喜欢她。她默默地喜欢与尊敬着她的老师们，却很少把这份心情说出口。

在山大的校园里，郑军峰见到了她曾经的老师们。

李鑫曾是平型关学校的英语老师，他也对郑军峰印象深刻。

这是个在周末常常主动带老师们去了解风土人情的姑娘，平型关纪念馆、平型关纪念碑……每次一起出去她就安静地跟在老师身边，默默地关心着老师。

听说孩子们来到山大，李鑫跟另一位老师都非常激动，带他们一起吃饭、逛校园。他们努力地让孩子们体验与了解尽可能多的东西，想在孩子们心中播下希望的种子。

刚刚见面的时候，郑军峰看起来有些害羞。她在日记中写道："当时我快要哭出来了，然而我没有。因为我害怕王老师和李老师也会哭出来，这是一件好事，不应该哭，应该好好和老师谈一谈，说说话。"告别的时候，小姑娘却险些没忍住眼泪。

"外面的世界好不好呀？老师没骗你吧？"

"老师没骗我。"

"以后想不想出来呀？你一定要考出来呀，一定要考出来。老师在山大等你。"

一定要来啊。

播种梦想，静待萌芽

前段时间，《这块屏幕可能改变命运》的文章引发了人们对于落后地区教育状况的关注。可长久以来，无论是短期、长期支教，还是公益性质的游学活动，几乎都被争议、质疑的声音所包围。

然而这些活动的初衷，是希望能够在孩子们心中播下梦想。

即使只有一个孩子因此而有了目标，通过自己的努力，最终改变自己和家庭几代人的命运轨迹；即使所有孩子都只当这是一次领略不同风景的旅行，可只要看到他们脸上的笑容，一切就都值得。

就在这篇文章即将发布的时候，支教地的老师们正在忙着为即将到来的分享交流会作准备。他们希望更细致地了解孩子们的想法，更用心地引导他们，或许还能感染到更多同学。他们希望尽自己最大的努力，给孩子更好的现在。"如果有幸能影响一点他们的未来，那将是更大的幸运和收获。"

这次机会，对孩子们来说也弥足珍贵。

任杰是山西省灵丘县下关九年制学校初一年级的一名学生。他不爱说话、性格内向，但成绩却十分优秀。当支教老师想去他家家访时，他却显得慌张了许多。当被问及家庭成员时，他小心翼翼地讲述着，声音在颤抖。直至问到父亲的情况，他终于忍不住湿润了眼眶，说不出话来，停了好久才哽咽着说：“我爸爸……是个残疾人。”

从小，他就格外努力。这次的“从大山到山大”活动，任杰也在参与者当中。老师们想带任杰去看看大山之外的世界，看看大山之外的山大。他们想告诉他，梦想是存在的，他现在的一切付出都是有意义的。“少年，别停止奔跑，别丢掉梦想，大山之外，总有一片属于你的世界。”

王丽宁是下关学校初二年级的一名学生。她的爸爸在年初因病去世，妈妈身体欠佳没有工作，一家人全靠在京打工的姐姐每月寄回来的1000元过活。可姐姐每个月的工资只有2000元。“要知道，一个女孩儿，只身在京打工，每个月只有1000元，该怎么生活?”丽宁的妈妈说到这里的时候，早已经泪流满面。

老师们希望为王丽宁做些什么，他们帮她辅导功课、找她谈心、想和她成为朋友。现在，他们想为她做更多。他们想带她走出大山、看看外面依然精彩的世界。他们想要帮她找回消失已久的笑容。

山里还有很多任杰和王丽宁这样的孩子，可他们中的大多数都没有机会出来看看山外的世界。他们只能凭借自己的想象，在脑中勾勒出山外的模样。对有些孩子来说，想象力还不足以支撑他们走出大山：各种不可抗的情况逼迫他们主动放弃，辍学、止步高考、务农嫁人，将他们的下一代也一辈子留在大山当中。

七年级的孩子们拿出了语文课本，这节课他们要学一首现代诗，名字就叫作《在山的那边》：

在山的那边，是海吗？
是的！
人们啊，请相信——
在不停地翻过无数座山后
在一次次地战胜失望之后
你终会攀上这样一座山顶
而在这座山的那边，就是海呀
是一个全新的世界
在一瞬间照亮你的眼睛

（文/王嘉翊　李　彤）

第六话|春天的风景

今年的春天来得比较迟，4 月末的上寨还在下雪。可是“五一”一过，校园里的柳树发芽了，山上的山棠花也开了，到处洋溢着春天的气息。孩子们最近一直在问我，什么时候带他们去春游，去爬山。上寨中学的春游很具有自主性，都是老师自己安排的。据说每年支教老师都会带各个班级的学生去爬山，所以孩子们都很期待。和雪纯商量以后，我们把春游时间定在 5 月 13 日，春游目的地是雁翅碣石山。

天气预报说今天会有雷阵雨，这让我们都为春游能否成行捏把汗，可天遂人愿，老天赐给了我们一个大晴天，于是我们几个班的学生快乐地出发了。沿途一路，所见尽是一片绿意。路边的农田里，庄稼人种的玉米发芽了，冒出丝丝绿色的苗。小路两侧的一棵棵柳树，已经长出了绿绿的树叶和毛毛虫样的嫩芽，微风拂过，柳叶的波浪层层推进，轻柔而不失威势。置身其中，领略到的是天与地的宏大，感受到的是叶与风的气息。三两个农妇将柳芽砍下，说是回家做菜吃，“很爽口的凉菜，可以尝试一下”。林子里流淌着一弯小溪，潺潺的流水和着孩子们欢快的歌声，着实让人迷醉。我拿着相机迫不及待地想把这里的一切记录下来，生怕漏掉丝毫。

孩子们很懂事，主动帮我背包，过小溪的时候搀着我的胳膊提醒我“小心”，把自己带的好吃的拿出来和我分享。我打心眼里喜欢这些可爱的学生们。三个小时后，我们到了山脚下，在庙前休息。这是一个宁静而美妙的地方，它处于群山的深处，旁边有潺潺的溪流，特别适合同学们野炊。孩子们忘记了沿途的劳累，有搭灶的，有捡柴火的，纷纷忙开了。我也加入其中，和学生们一块烤山药、煮方便面。一阵风吹来，烟吹进我们眼里，我们被熏得够呛，大家笑开了，笑容里含着眼泪。

吃完饭休息好之后，我们就开始爬山了，体力好的几个孩子十来分钟就爬到了山顶。坐在岩石上，眺望远方，山顶的景色好美。我开心地和两只猫耳朵合了影，孩子们也争着抢着要拍照。当我拿起相机时，小脑袋们就一拥而上，竖起手指，“咔嚓”一声，记录下这美好的瞬间。

由于时间的关系，稍作休息之后，我们就早早地下了山。孩子们高兴地牵着我的手，虽然没有言语，但我知道孩子们是喜欢我的。

我想说，谢谢你们，我亲爱的孩子们。

我庆幸来到了上寨，因为我体验了所有……

（文/余晓强）

第七话|再忆支教

还记得第一次站上讲台时内心难以抑制的激动和忐忑。我不知道孩子们是否喜欢我的风格,不知道他们是否接受一名志愿者,一名千里之外的年轻人。

但是,我却清楚地知道自己的职责,这里将是我贡献力量的地方,不仅是为了那份光荣的使命和责任,而且还有自己心中的理想。

我还记得自己说过,不兴伪术,不采华名。

面对陌生的环境,我也悄悄地打过退堂鼓。但是我深切地知道,成功总是属于积极进取、不懈追求的人。我也知道,青春不再来,别做让自己后悔的事儿。

我坚持,我不放弃。也曾备课到深夜,也多次反思教学的得与失。但是与同学们在一起的日子,即使付出再多,却也是那么的无忧无虑,精彩纷呈。

我欣喜地看着他们勤奋读书,听着他们的欢声笑语,感受着与他们之间的友谊在不断升温。

半年的时间很快,临别时,孩子们硬拉着我合影。他们说:“老师,我们爱您!”

而我只是在一旁憨憨地笑着,没有回应。

可是孩子,你们可知道,你们的一句话,可以让老师激动不已,甚至在半夜笑出声来。

是的,或许这就是老师的伟大:多少个无眠的夜晚,只为了你们的成长;而老师所需要的,只是看到你们的成长。

我也爱你们,我的孩子们。我是多么的幸运,能和你们相遇;我是多么的自豪,在心灵深处我们无缝交流。

作为一名支教老师,我能做的,只能是继续完善自己,让孩子们得到更多的知识。

有句话,送给我,也送给我的学生们:在最好的年纪,喜欢自己,喜欢自己的工作,是一件幸福的事情。以后想起来,更是一个美好的回忆。

我骄傲,只因为我是一名支教老师。

(文/陈临沛)

第八话|忙趁东风放纸鸢

草长莺飞二月天，拂堤杨柳醉春烟。
儿童散学归来早，忙趁东风放纸鸢。

可能是因为与孩子们在一起，今年我心里的春天也来得特别早。正月还没出，这首诗就一直在我的脑海里盘绕。看着整天被困在教室的学生，我忽然就生出一个想法，要带孩子们放风筝。

风筝是从潍坊寄来的，班里孩子人手一个。我总觉得从风筝之都买来的风筝比别处的更具情怀。孩子们玩了整整两节课。他们在操场上追逐、奔跑、呼喊。柳枝还未吐绿，百花还未盛开，山未青，风还凉，被大山环抱的土操场却生机盎然。风托起风筝飞向天空，我真切地看到孩子们的春天在临风招展。

同样兴奋的还有学校的老师们。年长的、年轻的，都在看到风筝的第一眼重拾了童心。大家都参与其中，随风奔跑，笑得像个孩子，我发觉他们竟有如此可爱的一面。他们笑着说，这么多年来老师的生活大都枯燥，我来后给他们带来了真正的春天。殊不知，他们的笑脸才真正明媚了这个季节。

有的风筝飞得太高断线了，飘到了山的另一边；有的风筝怎么都飞不起来；还有风筝引来了一大群鸟，围着风筝盘旋然后散去。这是专属于大山的景观。我站在一旁拍照，偶尔也瞎指挥几句，内心的满足依然有增无减。

然而想说的并不只是这些。

前几天看"奇葩说"，辩题是"和蠢人交朋友是不是傻"。

我身边有很多"蠢蠢"的朋友，他们再三强调要我好好吃饭，不要吃零食，可零食还是源源不断地寄来了。好容易中秋节放假，他们千里迢迢地跑来看我，说这样才放心。听说我要买风筝，家住潍坊的朋友让自己的爸爸直接从潍坊买了寄来。我强调一定要把钱如数给他，他说："当然，我又不傻。"

风筝很快寄来了，可是"买"风筝变成了"赠"风筝。我多想跟他说一句"给钱不要，真的很傻"，却说不出口。

自从我来支教，身边的朋友集体爱心大爆发。他们或寄衣服或寄文具或寄玩具，或过年的时候给孩子们发红包，以我拦不住的热情，温暖着这里的孩子们。每次我横加阻拦，都被他们以我在剥夺他们做好事的权利回绝。我一直愧疚自己来支教却意外地让他们破费，给他们添了麻烦。我做得太少，他们却说我比他们都勇敢，付出得更多。其实我知道，这一切都出于他们对我的支持。

“朋友”一词意义的不同，在于我们本是陌生人，本可以毫无瓜葛，本应该彼此擦肩而过，而他们却留下了，却无条件对你好。我接受着这一切，却从不认为理所当然。所以我一次又一次地感动着，所以我也会在我有能力或他们需要的时候以我的方式对他们好。

就是这群“蠢蠢”的朋友，不由分说地支持着我每一个异想天开的想法，并帮助我把这些想法变成了现实。如果这一年我够格成为一名好老师，也该谢谢他们，也多亏了他们。

我多么清楚他们并不是真的傻。我们互相懂得对方的好，我们乐于付出。就像蔡康永说的一样：真正的傻人，大概是那些不理解交个朋友要花费多少心力，领会不了你对他的好的人。

而我，多么庆幸遇到了他们。

谢谢你们送来的春风万里。

（文/冯姝桦）

第九话|忘不了的时光

2018 年的 1 月已经过半，还有一个月，便是农历戊戌年的春节。春节至，游子归乡，向父母述说一年寒暑，聊一聊羞涩开口的过往。而此时，我更加思念那一年难忘的新疆之行，想念在伊犁的那段日子。

细数，距离 2015 年 7 月去新疆支教已经两年有余。时间总是过得很快，仿佛还在西去的列车上与伙伴们一起唱着“奔跑”的歌儿，转眼间，伊犁的大雪都不知咆哮了多少遍。

刚到伊宁县第二小学的时候，还是暑假，学校里没有学生，只有赵越老师和我们讲述这里的过往。我和龙飞、杭耘、晓芳四人都要学着慢慢适应这里的环境，适应“朝十晚八”的作息时间，适应这里的习惯、语言以及各种“陌生人”。我们被安排在学校宿舍，尽管学校已经很用心地安排我们的起居，但是我们两个小姑娘依然会被八月份“横冲直撞”的各种虫子吓得“惊慌不已”，我们也会因为突如其来的新疆热潮而“辗转反侧”。于是，我们就把教室里的桌子搬到走廊里铺成床铺用来纳凉。女生跟男生讲着自己的童年趣事，男生帮女生驱赶着蚊虫。我们躺在高高的“床铺”上，第一次觉得身边的这帮原本早已熟知的人，俨然已是手足情深。

后来，在县团委和学校的帮助下，我们换了新的住处，条件变好了，却始终无法忘记那个炎热的假期尾巴以及那些曾经“陪伴”我们的虫子。

慢慢地，我们开始接触并熟悉这里：晶莹璀璨的赛里木湖，朴实敦厚的伊犁人民，香甜可口的新疆瓜果以及充实难忘的支教生活。

支教团开展“乡望”行动，每周去乡村小学送教。乡村学校教师资源十分匮乏，所以我们常去那里教同学们音乐、手工、美术，教同学们一起认知世界，认知无限可能的未来。记得 2015 年冬天的一次送教，下课后，我看到很多孩子争先恐后地拥上水龙头，趴在水龙头下喝凉水。我不禁颤抖一下，那可是大冬天，冷水的温度是非常低的，他们不担心会生病吗？我问校长。校长说：“有些孩子离家很远，而学校也没有专门给同学们提供热水的设备，所以就造成了这种现象。”我能从校长的眼中看到那种无奈与同情。这件事深深印在我心里，久久不敢放下。

魏栋学长知道这件事后，当时就决定个人出资捐赠一台开水机。后又经过多方组织联系，东航青岛分公司义务捐赠了衣物、文体用品等数万元物资，分别捐赠给伊宁县第二小学、温亚尔乡中学、克伯克于孜村小学。在伊宁县第二小学的捐赠仪式后，我的队友刘龙飞所任教的一年级三班的孩子们都莫名其妙地哭了起来。后来仔细一问才知道，他们是把捐赠仪式错误地认为是我们支教队员的告别仪式，所以哭得不成样子。亲爱的孩子们，人生终究会有别离，但是在我们心里会永远牢记彼此。

支教的那段日子里，我的桌子上、抽屉里、衣服口袋里、书包里每天都是各种各样的小纸条、小礼物、小零食或是孩子们亲手做的手工品。因为我的办公室是可以随意出入的，所以我的办公桌也是“乱”得出奇，很多老师也会因此“嘲笑”我。每天，我都像拆快递一样，拆开各种小纸条，破解里面各种各样的“表情包”。“陈老师，您怎么又吃胖了？”“陈老师，您怎么不理我了？”“陈老师，对不起，我们班惹您生气了。”每天，这一群孩子都让我啼笑皆非。可是，亲爱的孩子们，你们现在还好吗？陈老师现在特别想收到你们的“礼物”，你们现在在哪儿？

团县委组建了“红领巾”爱心辅导班，鼓励志愿者利用业余时间辅导家庭贫困的同学们。孜拉来是我辅导的第一个学生。我教她汉语阅读理解，她教我简单的维语问候语。孜拉来天资聪慧，一点就通。为了表扬她在学习上的进步，我在她生日的时候送她一个毛绒玩具，可把她高兴坏了，一连向同学们“炫耀”了好几天。她说，小熊可以陪她说话，她每天都很开心。亲爱的孜拉来，现在的你还好吗？

临近2015年春节，研支团参与“拾穗行动”，组织支教人员走访贫困学生家庭并给他们发放新年红包。有一次，我们来到莹莹家，莹莹和奶奶住在不足10平方米的房子里，家里没有固定收入。尽管食不果腹，但是奶奶从来没有耽误莹莹的学习，总是不遗余力地支持着。那天，我们给莹莹捐赠了书包和衣服，奶奶一直握着我的手，不停地说着“谢谢”，我哭了。“孩子，无论你现在的家境如何，请记住，终究要有这么一天，你要让你的奶奶为你骄傲。”

在新疆的日子，难忘又充实。老师们几乎每个周末都会邀请我们去家中做客。大姑沏的奶茶、杨姐冲的西湖牛肉羹、小韩做的可乐鸡翅、李晓英老师亲手包的水饺、苏秀华老师做的腊肠、马春梅老师家的大盘鸡以及库提鲁克妈妈做的每一道菜，这些都是我的最爱。我怀念果果朗诵的“纸船·寄母亲”，怀念子洋口中的“时光哥哥”，怀念轩轩在背后打我时的调皮任性，怀念一起与“网红”东宝看过的电影，怀念凌晨一点仍在加班的激情，怀念与维吾尔族同胞握手时的温度，怀念高校长对支教团的那份信任与笃定，怀念那些与青年志愿者们在一起奋斗的时光。

当我耳边再没有听到流利的维吾尔语，感受不到边陲小镇安静的“慢”生活，我知道我已经离开那里了。

几天前，我跟大姑说我有点想念新疆了。于是，我收到了各种奶茶、奶皮子、红枣、核桃、葡萄干、巴旦木、馕……

大姑说：“你离开新疆那么久了，不能忘了新疆的味道。”于是，我收到了一大箱四千公里外的礼物。

王晓丽老师说，喝奶茶要配上正宗的新疆红茶和正宗的新疆馕，所以我收到了新疆茶叶和一大包“排队馕”。

丽丽姐要让我体验到各种各样的奶茶。她说，总有一种能适合我，总有一款会是亲人的味道。

韩雨轩给我寄来了第N封书信，信里仍然透露着她的各种“不爱学习”，但是更多的是对我的思念和祝福。

新疆一年，第二小学给了我无数的感动和牵挂，也让我和新疆再难割舍。

2015年过去了，我很怀念它。

在伊犁的故事，讲不完，也永远无法道出那份情谊；

在新疆的情怀，说不尽，也永远无法写出那份留念；

在西部的那些人儿，忘不了，也永远无法回到那段时光。

我用一年的时间，做了一件终身难忘的事情。

那山、那水、那人，一生念想。

（文/陈时光）

第十话|愿你眼中有星辰浩海

回想两年前，当我正式成为第十八届研究生支教团的成员时，最常被叮嘱的一句话便是“你不是作为你自己去支教，而是作为一名山大人去支教”。什么是“山大人”？正如樊校长在开学典礼上所言：“山大学子是不忘初心、奋发有为的，是奉献国家、服务人民的，是为中华民族的进步与中国社会的发展做出重要贡献的，是拥有家国情怀的，这是我们共同的精神追求。这种博大的胸襟和气魄，应当根植于我们每个山大学子的内心。”其实当老师、学长、学姐在用“山大人”教导我们的时候，我还没有特别深刻的体会，直至到达了那片土地。

2016年，我在本科毕业后前往山西灵丘进行为期一年的支教活动，当时是担任下关中学两个毕业班的历史和政治老师。由于之前没有教学的经验，所以当校长告诉我教毕业班文综课的时候，我倍感压力。在起初的教学过程中，我对初中知识的重温、教学方法的使用、与学生的互动模式以及课堂授课的形式等等，都处于摸着石头过河的阶段，也一度遇到了瓶颈。

孩子们基础特别差，基本知识掌握程度特别低，吸收能力也不强。我还记得当时第一次摸底考试不及格率就高达60%。除此之外，学生的自律性和学习习惯也很不好，后来在一次次跟学生谈心后，我了解到他们的求知欲其实很强，学生家长也很重视教育，只是缺乏耐心与基本知识储备。因此，我将初中文综课的12本书和相应的教辅书，从头到尾仔细研读和整理了一遍，将全部知识点分类汇总，印发给学生，帮他们提炼重点，每天督促他们背一页，直至中考结束。

学生中，有的胆小敏感，有的沉默寡言。但是当你跟他们相处之后就会发现，他们更多的是勤奋刻苦、懂事淳朴和乐观坚持。他们跟城里的孩子一样，也会讨论吴亦凡、TFboys，也会唱《一人我饮酒醉》和《小苹果》。我慢慢地不再依赖于从网上查到的以及从前辈那里听到的经验来面对他们，而是慢慢融入他们的生活，试着体会他们同龄人的心理，去感知他们的心情，去检讨自己的教学方法，去融入他们的学习和生活。

支教于我而言，就像是赴了一次美丽的约会，让我对生活永远充满激情。我带着满心的憧憬来到这里，是让孩子们开阔眼界的，是让他们走出山村成为更优秀的人的；但是当我与他们相识、相知后才发现，并不是我改变了他们，更多的是他们改变了我。他们教会了我耐心、教会了我不轻言放弃、让我更加深刻地体会到“山大人”究竟意味着什么。他们会问我：“老师，山东大学是什么样子的啊？您给我们讲讲吧。”“给我们说说济南的冬天吧。”“我以后也去山大读书好不好？”……他们还会教我说下关方言，会带我去逛庙会，会带我爬牛角山。那一刻我为自己作为“山大人”而自豪，那一刻我为孩子们的梦想而感动，为当初自己能够义无反顾地背上行囊远行而骄傲。

山东大学研究生支教团在一届届地传承。我们所有人都说“用一年不长的时间，做一件终身难忘的事情”，但那是需要真的付出心力才能体会到的成就感，是当你抬眼所及便是星辰浩海的时候才能体会到的宁静和澄澈。亲爱的读者们，如果有可能，真想把满夜繁星的灵丘带给你们看！

（文/张金楠）

第十一话|支教余暇

又是一个美好的周末。

又一个充实的10天过去后，我们也迎来了又一个“小长假”。假期的日子总是特别悠哉，可以慢慢地绕着操场一圈又一圈，什么都不用想，只是随着耳机里的音乐轻轻摆动身体；可以静静地看一本厚厚的英文小说，不是为了研究辞藻，不是为了从文学批评角度分析人物特征，只是为了感受故事主人公的喜怒哀乐；也可以兴致勃勃地拉着室友研发新的菜色，甚至可以肆无忌惮地看一部长长的老电影，随着剧情用力哭、大声笑。春暖花开的季节，出去踏青也不错啊。

这里的生活节奏好慢好慢，总感觉，比小蜜蜂还要忙碌的大学日子离我好遥远了啊。

早晨，可以睡到自然醒，暖暖的太阳透过床帘叫醒了我们。

哈，又到了大展身手的时候。今天的早餐是鸡蛋饼、青椒炒杏鲍菇配小米粥。切两根火腿，把馒头切成丁，把小葱切成碎碎的葱花，打一点面粉糊，里面加两个鸡蛋，再加一点盐，准备好之后就可以下锅啦。杏鲍菇手撕成丝，青椒也切得细细的，简单加蚝油一翻炒，我们的小菜就准备好了。陈老师那里总是有各种各样养生粥的食材，连带着我也学习了她的好习惯。早上熬一碗浓浓的黏黏的小米粥，加点细细的绵白糖，哇，简直太幸福了！

春天，对于灵丘而言，是一个接受大自然馈赠的幸福季节。中午去街边的小店，发现多了好几道时蔬特色菜，比如说清炒柳芽、清炒杨树叶、香椿炒鸡蛋。柳芽和杨树叶有些淡淡的苦味，当地的老师和我们说过，这些对心脑血管很好，有很高的药用价值。

午饭后，慢慢悠悠地走着，边欣赏路边的景色，边和同行的支教队友聊天。回到宿舍，发现宿管阿姨在洗甜菜。我小时候在农村的田野里倒是见过，可是却没吃过。阿姨告诉我，只要过水焯一下，加点醋、橄榄油、盐，就是一道美味的凉菜了。难怪这里到处都挂着“绿水青山就是金山银山”的标语，这句话一点没错啊，大自然的无私造福了附近的村民。

下午，97班的一个学生来找我补习英语。马上就要中考了，孩子们的学习压力也越来越大。学校规定学生每天 5:40 到教室,6:20 跑早操,6:40 开始第一节晨读,一直到晚上 10:30 结束最后一节晚自习。下课之后学生们回宿舍还要点灯熬油。为了给他们创造更好的学习氛围,孟校长特意把年级的尖子生们都集中起来学习,其他学生也是分层进行辅导。事实证明,他们的学习积极性真的有了很大的提升。找我补习英语的学生自己很用功,除了上课努力,在校外还报了数学补习班,家里也督促得特别紧,周末还要回来加个班继续学习。好好加油,灵丘一中的实验班在等着你报到!

晚饭又是我们自食其力,做了土豆鸡块、干锅包菜,配上软糯的米饭和网购的豆浆。吃饱喝足之后,开心地感叹一句:我们在一起,这就是向往的生活!

晚饭后,突然想欣赏一下祖国的壮丽山河,所以将 BBC 和央视联合摄制的纪录片 *Wild China*(译名《美丽中国》)找出来看了几集。虽然一直都知道中国地广物博,自然风貌多样,生物种类丰富,但在亲眼看到其他地区的自然与人文景观时,还是不禁发出感叹:哇!中国居然还有这样的风景、这样的村落、这样的物种,我爱中国!总有一天我要用脚丈量祖国的山海河川!

不知不觉,时钟指向晚上 11 点了。今天又是非常棒的一天!希望接下来自己的生活依然可以丰富多彩,无论在哪里,无论是何种身份,无论做什么!世界,晚安。

(文/常　赛)

第十二话|给学生的一封信

致 75 班学生的一封信：

一年时间说长也不长，说短也不短，不知不觉中我们一起默默地走过了几百个日日夜夜。回想过去这段日子，有生气，有难过，有开心，也有陪伴。你们是我带的第一届学生，或许也是最后一届。因此，也想借分别的机会对你们每一位学生谈谈我对你们的希望。

第一，养成并保持学习的能力。曾经我对大家说过，一个人需要花一生的时间去构建自己的“知识城市”，这个城市有一两座“摩天大楼”，这是你需要花一生去不断深入钻研、学习并完善的领域，这决定了未来你城市的“标签”。在这周围分布着许多有一定高度的“建筑群”，代表了许多你需要掌握的基础知识，高中将要学习的知识也属于这个建筑群的一部分，地基稳定与否决定了未来你的摩天大楼的稳固程度以及最终的高度。第三部分也就是这个城市的“公共交通和基础系统”，也就是你的一些基本的元能力和元知识。在众多的元能力中最希望大家养成并保持下去的就是学习的能力。我觉得初中阶段很重要的两点就是：提升自己的学习能力和养成良好的学习习惯。当你做好了这两点，学好知识和有一个好成绩就会水到渠成，我相信这些都是你付出所应得的“奖赏”。学习能力不单单来源于阅读，更多的还是走出去看世界、观察世界、思考世界、品味世界，只有这样才能拥有开阔的视野，体会和了解人与人之间的不同，接纳且包容这些不同。我也一直坚信“习惯”的力量。当你养成习惯之后，你会发现很多以前觉得不可能、很难、很痛苦的事情都会变得轻而易举。但是习惯养成是困难的，需要你“延迟”自己的满足感，去克服意志上的种种不适，这个过程真的很难受。但做到了并养成了一个良好的习惯，将会是一份让你终身受益的大礼。

第二，战胜困难的能力。可能大家会觉得，每天的作业和学习是最大的困难。每当看到你们消极应付作业时，我都会批评你们。我生气并非只是因为你们没做完作业，不认真学习，甚至是不学习，我更在意的是你们面对困难时的态度：不是选择迎难而上，而是一味地逃避问题，而逃避永远都是解决不了问题的。未来你们会遇到更多远超于现在学习的困难，这是必然的。老师希望你们能有勇气和能力从容面对困难,虽然这不是一件简单的事情。我相信你们在未来的人生道路上会更加从容并获得属于自己的幸福。

第三,自主选择的能力。除了困难外,选择也是人生中必然且时常会面对的一个问题。关于自主选择我有三点建议:(1)学会作出适合自己的选择。未来去什么学校,学什么专业,找什么工作,成立什么样的家庭,这些都需要你们在未来作出选择。一味地同他人比较,盲目地跟风,只会让你在错失比较优势的同时还浪费人生的机会成本。(2)学会作出正确的选择。希望大家不要宁愿吃生活的苦也不愿意吃学习的苦。努力让自己拥有更多选择的权利,好好努力,让自己有能力、有筹码去选择未来的生活,选择成为什么样的人,选择从事什么样的工作。(3)学会对自己的选择负责。每一个选择都会有得与失,希望那时候大家能有勇气去面对和接受自己的选择。选对了也不忘乎所以,选错了也不耿耿于怀,能有重新开始、坦然面对的勇气和心态。

第四,做一个有使命感的人。一个人若能做好人生每个阶段应该做好的事情,把自己喜欢做的事情尽可能地做到极致,愿意用心去雕琢自己的人生画卷,并为自己喜欢的事业努力奋斗一生,那么他就是一个具有使命感的人。希望你们未来能承担起自己的人生使命,能为自己的家乡,为这个社会,为这个国家,为人类能做出一份贡献。

还有很多话想和你们说,也想看着你们一点一点成长,但是时间是有限的。所以,在最后支教结束前我把最想说的话总结成了这封信,也算我支教结束后对你们的叮嘱吧,希望你们用心理解且践行其中的道理,并能从中获益。

最后,祝你们健健康康,学业有成,心想事成。

于灵丘县下关乡下关中学办公室

2018年7月2日

(文/吴佩霖)

第十三话|陪伴与感动

爱心陪伴就是支教的全部意义。

“老师,您下个学期是不是就要走了?”

在课堂上我给学生们解答过很多的问题,但是这个问题,我没有回答。

去年8月,我和其他小伙伴们一起来到了新疆伊宁县南通实验学校,我在这里已经度过了9个月的时光。回想过去,我舍不得回答这个问题。

我们住在学生宿舍楼。每天清晨,孩子们在楼道里洗漱、打扫卫生的声音就是我们的起床闹钟。起床后去食堂喝碗奶茶,就要赶去班里看学生们早读。利用早读时间我会教孩子们英语单词,或者检查一下他们的课文背诵。英语这门课对孩子们而言有很多困难,怎么能用最简单、最生动的方式解释给他们听对我来说是一个挑战。我最喜欢给他们讲新课,因为讲授新课是非常有趣的。我可以通过许多小视频或者英语歌曲来导入单元主题,学生们也觉得非常新鲜。检查背课文和测验是不讨喜的,如果学生没有达到要求我会特别失落;如果讲解了学生还是不明白,我心里会有一种落差。

上学期班里有个女生说:“我们喜欢英语老师,但是不喜欢英语。”我听后哭笑不得,不知道该高兴还是生气。我在努力尝试着,让学生因为喜欢我从而喜欢学英语。这学期我在班里组织了一项英语演讲比赛和英语书写比赛,学生的积极性还是很高的,尤其是有些成绩不太好的学生,他们从书写比赛中找到了自信。我抓住这个契机多鼓励他们,效果也很明显。尽管之后我要加快教学进度,但我认为开展这些活动还是很值得的。

和学生们相处,有时会因为成绩或者学习习惯等问题批评他们,但是大部分时间还是很开心的。这边的孩子很朴实,他们喜欢你,把你当成哥哥姐姐,会愿意讲自己的小秘密,会在作业本上给你画个卡通人物,或者偷偷在办公桌上放两块饼干。从他们的眼神里我能看出,他们对新鲜事物非常感兴趣。这学期第一单元的主题是谈论兴趣爱好。上课时我说了一些山大社团的事情。他们很羡慕,或许我的话已经在一些学生心里种下了梦想的种子。对于我来说,这就是支教的意义吧。

感谢孩子们带给我的纯真和感动,希望时间可以定格在这一年,希望未来我们可以在某个地点再次相遇!

（文/柴宏芹）

第十四话|走一步，再走一步

这些天我越来越认识到，有些事没有亲眼见过，没有亲耳听过，没有亲身经历过，就没有资格也没有底气去评判、去述说。

来到灵丘已经三个多月，比起一年的时间来，日子不长，但也足够让人有话可说了。这次支教算是我第一次真正离家，出发前很是兴奋与期待。

初来下关，它符合我对山村的一切想象。狭窄起伏的小巷，低矮古朴的村舍，还有湛蓝湛蓝的天，洁白洁白的云，以及村头晒太阳的大爷大娘。每家的房子不大，但都会带个小院，院里一定种着些花花草草。或许缺少打理，但色彩是令人赏心悦目的，走在村子里让人觉得安闲。这里的夜空很美，在操场散步时一抬头就仿佛回到了童年，星空和儿时姥姥家天井上空的一样，好像一闭眼就能感受到依偎在她怀里的温暖。前两天下了雪，雪后的山村更加宁静安详，而短暂的大雪封山也真让人有一点与世隔绝之感。

和这里的星空一样，学生们也单纯得很。他们都来自下关或者附近的村子，大部分直接住在学校里，过一星期回一次家。在学校，我负责教初二一个班的语文和政治。学生们的基础与我想象中相比有些差距，有的甚至连拼音和很基础的字词也不能完全掌握。经过几次考试后我发现，他们的阅读水平普遍不高，学习的积极性和主动性也不强。对于基础不同的学生，我的观点是基础好的就多学，基础差一点的就慢慢来，能学多少是多少，但不能不学。最重要的还是要帮他们养成良好的学习习惯，采取一些小措施提高他们的学习积极性和主动性，比如利用语文自习课去图书馆阅读，课前搞个小演讲，逐渐让他们明白学习的意义所在。习惯不是一朝一夕就能养成的，所以我不着急，慢慢来，一步一步来。

刚到这里的时候，语言可能是一个比较大的障碍。如果学生们不说普通话，我很难一次就听懂他们说的是什么，不过现在已经好多了。如果不到这儿，我可能不会知道有学生会因家里农活忙而请假回家，我可能不会知道他们家里大多不止两个孩子，也可能不会知道小小的他们所思所想还包括家庭的负担和变故。但同时他们也有一个孩子应有的本性。每天只吃土豆白菜，他们也会挑食；这个年纪的小姑娘也会爱美。他们如此羞涩，上课回答问题时总是怯怯地小声说出答案而不敢和老师直接沟通，课下又如此热情，常常邀我们假期去家里做客、去爬山。

面对这样一群学生，我开始审视自己，一年可以为他们带来些什么，可以为这里留下些什么。其实我来支教的初衷并没有十分伟大，只是有这样一个机会就来了。然而我自己却实实在在被影响和改变着。三个多月来，我已经感受到自己在往更加成熟的道路上前进，不再是稚嫩的被关照的学生，而是变成了要学会照顾学生的老师。从接受者变为给予者，拥有关爱别人的能力是我最大的收获。我不再怀疑和质问自己支教的意义究竟在哪里，或许踏踏实实地准备每一堂课，激发学生们对知识的兴趣和欲望，认认真真地举办每一项活动，让他们的生活更加多彩一些，就胜过所有虚张声势。我们左右不了别人，只有自己尽力做，用一年不长的时间，做一件终身难忘的事，这或许就是支教的意义所在。

哪怕只是一点点，哪怕只是一年半载，在“志愿”的前提下，只要善大于恶，不给别人带来麻烦，就要积极去做。

（文/丁一明）

第十五话|在支教中遇见曾经的自己

从8月31日算起,到今天,我在这里支教已经有100天了。

这里是山西省大同市灵丘县白崖台乡,一个在中国地图上可能都没有标注的小山村,从名字上就不难看出这里和城市的距离有多么遥远。但幸运的是它还有另一个为人们所熟悉的名字——平型关,抗日战争取得首次胜利的地方。我们支教的学校就在当年作战的壕沟旁。

来这儿之前,我对农村的认识停留在过年过节拜访过的农村老家,印象中家家户户窗明几净,整齐的砖瓦房,硬化的水泥路,平坦肥沃的农田,衣食富足的老乡。要说贫穷落后,还真有点牵强。但这里却是有别于我在家乡看到的另一番情形。这里地处太行山区,土地贫瘠,只能靠种些黄米、土豆来维持生计;通往县城的小路弯弯曲曲,公共汽车要走上一个多小时。村里的大部分青壮年都已经外出打工了,留下的多是老人孩子。相较于经济上的不发达,孩子们在思想观念上的局限更让我感到意外和吃惊。初二的学生很少有考虑过上高中、考大学的事情,这对他们来讲是遥远的、不切实际的,有的甚至现在就坚定了初中毕业外出打工的想法,像他们的父辈一样,还未成年就背井离乡。

改变,从自己开始。既然选择了成为一名支教队员,就应该履行好自己的义务,兑现曾经的承诺,了解学生的需要,引导他们在学会做人、学会学习的路上走得更远。好在身边还有并肩作战的队友,有关心支持我的朋友亲人,有一群虽然顽皮淘气但也纯真可爱的学生。所有的这一切,让改变成为可能。

我开始试图淡化在城市教育中形成的固有思维,摈弃“想当然”的自大做法,调动自己在求学过程中积累的经验,从心理上寻找和学生的契合点。我会努力回忆自己在他们这个年纪喜欢什么,渴望什么,惧怕什么;我会跟队友们探讨课堂管理、教学方法,学习他们好的做法和经验;我会和学生主动沟通,了解他们的家庭、学习、生活等方面的情况。渐渐地,我跟学生的距离近了,上课的效果好了,学生考试成绩提高了。我看到了他们在看大学宣传片时眼里的那种渴望,感受到了他们在谈自己的理想时的那份骄傲和自信，注意到了我请假回来时他们脸上洋溢的是喜悦而不是沮丧之情，意识到了他们的内心也有属于自己的“小时代”，也渴望实现自己的大梦想。

这些孩子其实就像曾经的我们一样，渴望被认可，被倾听，被鼓励。做到这些对一个刚毕业的大学生老师来讲，并不那么困难。我会给他们分享自己国内外旅行的见闻；我会给考试成绩进步的学生奖励一个彩色的小本子，写上鼓励的话；我会在休息的时候看看《给教师的建议》，对照自己的教学有哪些得失，从专业的角度反思一下。

有时候静下心来想想，眼前所做的这一切，与其说是帮助了这里的孩子，倒不如说是帮助了自己。在这样一个涉世未深的年纪，有着年轻人充足的精力，带着大学里收获的见识，来到这样一个陌生却又友好的环境，放下城市里的焦虑不安，体验一段从未有过却又真实经历的生活。往大了说，我们在亲历中国乡村教育的发展和变迁，见证这一切，记录这一切；往小了说，我们正走向人生黄金时代的成长和成熟，感受这一切，顿悟这一切。

当我若干年后再回忆起这一年的支教生活时，我想我记住的可能不是饭菜的不可口，也不是山路十八弯，而是由我和队友们组成的这个特殊的“平型”四边形以及四边形里的各种欢笑和感动，当然更会记得这里的人对我们支教老师的那份关怀、友善和尊重。

（文/云　帆）

第十六话|十四年后的“相聚”

“喂，闫老师，您还好吗……”

为期一年的支教生活剩余已经不足四个月，然而出征那天的阳光似乎还灼热在昨天的脸上，初到上寨时跋山涉水的车程仍历历在目。半年以来，我们流了不少的热泪，泪水夹裹的不为人知的心事，热血青春的赤诚，彼此扶持的感动，沉淀下来，让我可以更加从容地思考生活、思考情感、思考未来。

上寨南村位于山西省灵丘县的南部山区，这里平静也热闹。山东大学山西支教队在1999年第一次来到这里，每年一届，如今已是第二十届。大约三个月以前，我第一次缓缓走过一面记录了这二十年支教队情况的展板。那些照片定格了一张张二十三四岁的脸庞。那时我想，我们也将同他们一样，离开这里，走进生活的洪流中。拿过接力棒的队员也会站在这面展板前，带着和我们相似的心情，感慨着原来自己跟这些年轻的面孔已经差了近两个生肖的轮回。

就这样，匆匆地来，匆匆地感慨，匆匆地离开。我该怎么证明我曾经带着某种情绪活过？即便是我想铭记，那情绪里的别人，是否还记得我？那些当时荡气回肠却又难以保鲜的感动、不舍、顿悟，要怎么在以后的柴米油盐里显得高尚？

就在昨天，我们四位支教队员，来到早就退休的闫老师家中。在此之前，我们从未跟这位70岁的老人见过面。然而在天气转暖的时候去看望这位老师，却早就成了历届支教队的传统。委托我们去探望闫老师的，是第四届一名叫刘奇耀的支教队员。

走过干净的小院，闫老师笑意盈盈地把我们迎进了屋。这是一个相当有活力的老人，透出积极的情绪。从春天的暖阳里走进有些阴冷的小屋，我不禁打了个寒噤。闫老师有两间房，正门进去的一间放着杂物，另一间就是卧室。土炕占据了卧室一半的空间，外加两个沙发，一个高低柜，一台电视机，一个板凳，一个熄了火的炉子。

“我老伴去年去世，脑梗啊。我现在是个老光棍啊，呵呵呵。”闫老师笑着说。听得出，他在尽力说普通话，南山的方言我们还听不太懂。老师身体很硬朗，说话很有力量。

“2003年的时候啊，刘奇耀他们四个在学校。每次一放假呀，整个学校就剩他们四个咧！大师傅不做饭，我就掰了玉米煮给他们吃。有时候也炒点肉，那时候条件不好，孩子们苦啊。”

“现在通信发达了。那几年的时候，也不知道奇耀这孩子怎么知道我去一中教学了，给我寄来那么一大箱吃食。”闫老师激动地说，“你说这孩子，他怎么就知道我在一中呢？”

“你们就告诉刘奇耀，我身体好得很，叫他不要担心。要好好工作。奇耀这孩子，太重感情！”

正说着，刘奇耀学长的电话就打过来了，闫老师激动地接起电话。

没有一句过分动人的话，没有太多的寒暄。闫老师声音很大，眼睛泛红，一直说着自己身体很好，不要奇耀学长挂念。这个跨越了整整十四年的电话，在接通的那一刻就把人的泪点戳中了。闫老师一直在说，我一刻不停地擦眼泪。那一刻我想到了我的父亲，想到他老去的模样。

十四年前，老人还是健硕的中年人，会因为学生劳神，会因为支教大学生生活艰苦而心疼。十四年前，刘奇耀还是一个意气风发的少年，会因为支教热血澎湃，会因为那些萍水相逢的关怀而感恩。流年似水，世事变迁。很多事情都已忘记，很多人都已离开，但是那些时刻留在我们内心的感受，会让回忆长久地保鲜。

时光虽苦，记忆中的甜却是真的甜。人在流泪动情的时刻心肠最柔软、最易懂得感恩。我感受到这份占据人生六分之一长度的感情，更加懂得珍惜。闫老师煮过的玉米，做过的热饭，像是活了一样，久久地留在我的记忆里。不管这一年是多么匆匆，我想，我会永远保存这段珍贵的回忆。

（文/吴其珍）

第十七话|终有一别，不负相遇

今天，我和会玲早早地从床上爬起来，啃完面包，脚步飞快地向阶梯教室奔去。正值今年的送教季，南通大学附属中学的专家老师受邀来到二中为高三学子做高考指导，我们要赶在讲座开始前做好准备工作。刚把席签放好，就有学生陆陆续续地排队进来。高考倒计时已不足月半，我们一年的支教生涯也快要结束了。

我教高二几个班的通用技术课程。记得第一节课作完自我介绍，学生们很热情地鼓掌欢迎我。或许是我们年龄本就相差不大的原因，或许是他们洋溢的青春气息唤醒了我高中时代的记忆，我们之间的距离瞬间变小，进班之前想要树立老师威严形象的小心思也“偃旗息鼓”了。我想，面对这样一群大孩子，我的确愿意做个亲切的老师。

通用技术的课本内容很笼统，学生们又是刚刚接触这门科目，让他们完全理解各种定义、特征、影响因素等等并不容易。我在备课的时候尽量把学生可能存疑的地方整理清楚，多准备一些案例来解释各种不同的情况。为避免落下要点，在 PPT 的备注栏里使用不同颜色的标记和提示。久而久之，学生们也慢慢掌握了学习通用技术的思路，课堂气氛也越来越活跃。

轻松的课堂氛围也会带来小小的“代价”。高中的孩子们已不再那么惧怕老师，他们思想活跃，时不时地会在我讲一些有意思的案例时插科打诨，让我一度很头疼，但转念一想，其实这正说明学生在认真听讲啊。只要能够消化课堂内容，我又何必带着一副不苟言笑的假面孔，太过压抑他们的“淘气”和热情呢。

当然，有时候他们也很体贴。有一次我的 U 盘落在了教室，等我折回去打开教室门，一群学生正聚在前排，哄笑着问我：“老师，您是不是落了什么东西?”然后有个学生笑嘻嘻地把 U 盘递给我。午自习轮值时，有一个班纪律很差，我假意生气，他们却仍嘻嘻哈哈；而等我转回身去，他们却真的安静了下来……虽然他们的表达总是这样含蓄，但我能感受到他们给予我的尊重与温暖。

作为一名新晋高中老师，我在教学经验方面远远不及二中的前辈们，但还是想以自己的方式为学生们做些什么。我跟学生交流学习方法,在讲课的时候穿插一些时事案例和贴近生活的小知识,讲讲大学里的那些事儿。记得给学生播放山大的宣传片时,他们看得很认真,我能看到他们眼中的羡慕和期待。我知道,当地的教学基础相对比较薄弱,只有小部分的学生能考入所谓的“985”“211”高校,但我还是希望他们能看到未来可能的美好,树立适合自己的目标,并为之努力奋斗。

写着写着,很多琐碎的回忆涌了出来。这一年,和这一群大孩子们在一起,经历了很多美好的事情。一年的时间,说长不长,说短不短,我很开心能在这一年遇到他们,参与他们人生中重要的一个阶段。即使终有一别,但我们也见证了彼此的成长,生命中留下了彼此的印记,总归不负相遇。

(文/侯潇洁)

第十八话|苔花如米小，要学牡丹开

远离了城市的喧嚣浮躁，在蒙蒙细雨中我拎着箱子来到了太行山脉深处的平型关寄宿制中学。看向远处的灰色天空，我似乎能够看透未来一年的生活，似乎又不能，我带着无尽的思虑沉沉入睡。

第一节课，我第一次踏进教室，发现电脑、白板一应俱全。孩子们的书桌、板凳是城里孩子尚未普及的单人单桌，这样良好的物质条件让我稍稍心安。上课铃声响了，踏上讲台，我微笑着向孩子们进行自我介绍。

课上，我让孩子们介绍一下自己。或许是因为初见的陌生感，一张张小脸不时偷偷地抬头，羞涩地朝我笑笑，却迟迟不敢站起来。但是慢慢地也有孩子勇敢地走上讲台，在黑板上写下自己的名字。我暗暗长舒了一口气。熟悉后，孩子们的热情大大鼓舞了我，这让我有了自信心。

但是随着时间的推移，我逐渐认识到城乡差距，打碎我自信心的是一堂普通的政治课。

为了能够让初三的孩子们了解“知识产权”这个知识点，我刻意提到夏天最火爆的电影《我不是药神》，讲制药公司打击药品走私这件事。我竭力地想把自己知道的都传授给孩子们，可是他们的“毫无反应”让我觉得自己在唱独角戏。

“《我不是药神》是今年暑假最火的一部电影，你们知道吗?”

“不知道!”回答我的是一张张茫然的小脸。

“你们平时也刷手机，没有看到有关报道吗?”

“没有啊，老师，我们这里没有电影院。”孩子们落寞的回答让我无言以对。

我从来没有像此时一样，深刻地感受到这些孩子的处境——寂寞无人识。他们生于乡村，只知田野；他们长于边缘，远离了浮世，也就意味着远离了时代的潮头。物质的提高并不能弥补他们精神的短板，甚至让他们更显孤独。

城市的同龄人在紧跟时代热点的时候，他们在夏日的田野里锄草；同龄人在饱览祖国河山的时候，他们在秋风的萧瑟里收割玉米。我怜惜的不是他们单薄的身体,痛心的不是他们“惨不忍睹”的成绩,哀伤的是他们找不到通向外界的路,所以被困在这深山里缓慢前行。

面对一双双渴望的眼睛,听到一声声有礼的问好,我竭尽所能地为学生描绘那个外面的世界,鼓励他们走出村子,走出大山。和我一同到来的支教老师们,肯定也都怀揣着这样的愿望,将山外带到山里,将未来带到现在,将我们所学倾囊所授,用我们的所思、所想为山里的孩子描绘一个未来世界。

(文/程诗雨)

第十九话|翩翩少年啊，很高兴认识你们

我叫李希洁，今天是我来到灵丘县上寨中学的第37天，是我成为一名八年级英语老师的第36天。

“初次见面，请用英语介绍一下你们自己吧。”

开学第一晚，刘老师和我被班主任邀请到班里和同学们开一个简单的见面会。一走进教室，就感受到学生们好奇的眼神。我挺直了背，在脑海中又把准备好的话迅速地演习一遍。“大家好，我叫李希洁，在未来的一年里，我将和大家一起学习英语……大家现在已经知道老师是谁了，有没有同学愿意跟老师介绍一下你们自己呢?”不知道是因为我表现得太过严肃，还是孩子们还有些羞涩，愿意站起来介绍自己的学生少之又少。“老师想尽快记住你们每一个人的名字，如果大家没有准备好的话，给大家时间准备一下。下节课请每一位同学用英语介绍一下自己。”

第一节课很快就来了。

“准备好了吗?”我问。

“Mo(没)!”一句我还不是很熟悉的灵丘话。

“我们来开火车吧，从第一列第一排的同学开始。”

“My name is…”

“OK，very good! 大家都表现得非常棒，老师希望每一位同学都可以勇敢一些，积极使用自己所学的英语。”

他们中的大多数都有着想要展现自我的愿望和能力，但是出于种种顾虑不愿意表达自己。我希望利用各种机会锻炼他们展现自我的能力。

“Where did you go on vacation?”

“I just stayed at home.”

第一单元的教学内容主要讨论假期活动。据我了解，假期期间绝大多数同学都待在家里，因此在完成教学任务的基础上，我需要尽可能地给学生展示各地的自然风光和人文特色，帮助学生拓宽视野，于是便有了那一张张、一段段关于黄果树瀑布、天安门、故宫、北京胡同的图片和视频，课本上的景点一点点具体了起来。

“你们最想去哪里呢?”我问。

“老师,都想去,但是去不了。”

“现在去不了没关系啊,以后会有很多机会。”

在讲解完第一单元的课文之后,我要求学生们背诵节选课文,但是最终只有七位同学背诵出来。

“老师,我英语本来就很差,我背不过。”

“老师,我背了就忘。”

“老师,我不会读。”

“不行!课文一定要背!不会读的同学来找我,我来教你;背不过和背了就忘的同学再整理一下文章结构。五天之后我再检查。我不接受没有认真努力过就承认的失败。”我严肃地说道。

五天后,绝大部分同学都完成了自己的背诵任务。但是比起背诵来说,我更希望孩子们能明白努力的意义。

三尺讲台的意义远比我想象得要丰富厚重得多,未来一年,我愿用自己的真心伴你们快乐健康地成长。

(文/李希洁)

第五目　廿载寄语

编者按:“廿载寄语”部分来源于山东大学研究生支教团在新疆伊宁、山西灵丘、河南确山三个支教地的党委、团委和部分学校校长的寄语。山东大学研究生支教团在支教地能顺利开展工作离不开当地政府和老师们给予的支持和帮助。值此二十周年之际,我们也收到了当地政府和老师们的祝福与希冀。愿我们不负二十载光阴,不忘初心,砥砺前行。

第一话|让青春之花绽放在祖国最需要的地方

历史悠久、山清水秀的灵丘县是晋北高原的一方热土，战国时期“胡服骑射”的赵武灵王在这里驰骋疆场，抗战时期浴血奋战的八路军在平型关打出了出师以来第一场胜仗。但是囿于自然环境，灵丘县发展滞缓，县委、县政府全面贯彻落实党中央历次扶贫工作开发会议精神，全方位整合力量打响“脱贫战”。贫穷如同久旱无雨，而扶贫是天降甘露、修渠引水。教育扶贫更是引来天上水，栽下智慧树，开出致富花，可脱历代贫。习总书记曾强调：“扶贫必扶智，让贫困地区的孩子们接受良好教育，是扶贫开发的重要任务，也是阻断贫困代际传递的重要途径。”

2000 年，在国家“西部大开发”的号召下，山东大学研究生支教团来到灵丘上寨中学开展志愿支教服务，从此他们扎根太行山，与灵丘人民结下了深情厚谊。截至 2018 年，共有 190 位山东大学支教团成员将自己一年的青春奉献给了灵丘县。一批批有知识、肯担当、能奉献的山大学子赴灵丘支教，他们不仅传授知识，带来了先进的教育理念和方法，而且还为大山里的孩子开启了一扇了解世界的窗口，照亮了孩子们的希望和梦想。他们为灵丘教师队伍注入了新鲜血液，也为促进教育均衡发展带来了新的力量。山东大学研究生支教团充分利用山大优势资源，争取各类社会捐助，帮助贫困学生重返校园；他们在课余时间举办丰富多彩的活动，有力推动了我县素质教育的发展，得到了广泛赞誉。灵丘县委、县政府对山东大学研究生支教团近二十年的辛勤付出和坚守以及他们的无私奉献表示衷心感谢！

习总书记说，同人民一道拼搏、同祖国一道前进，服务人民、奉献祖国，是当代中国青年的正确方向。好儿女志在四方，有志者奋斗无悔。希望支教团成员把在灵丘的经历转化为宝贵的人生财富，继续保持和发扬无私奉献的志愿精神，永远高扬青春和理想的旗帜，把灵丘作为自己的“第二故乡”，珍惜友谊、支持灵丘、宣传灵丘。县委、县政府会一如既往地关心鼓励支持研究生支教团，并为他们的工作生活提供便利条件。希望越来越多的

廿载光阴　薪火不息

——山东大学研究生支教团二十周年青春礼赞

青年人以山东大学研究生支教团为榜样，让青春之花绽放在祖国最需要的地方，在实现中国梦的伟大实践中书写别样精彩的人生。

中国共产党山西省灵丘县委员会

2018 年 12 月 4 日

第二话|踏遍青山人未老，风景这边独好

2000 年，山东大学第二届研究生支教团孙建德、周飞、吕峰、杨凯四名同学第一次踏上了灵丘这片热土。而如今，二十年峥嵘岁月，沧海桑田，在党和国家的关怀下，灵丘已经发生了翻天覆地的变化。灵丘经济加速发展，扶贫工作全面落实，当地民众深耕传统文化沃土，继承发扬平型关革命首创精神。这座太行山边的小城又一次充满了活力。

2018 年是灵丘县脱贫攻坚的决胜一年。在党和政府的领导下，坚持开展全面的扶贫工作，而其中，教育扶贫则成了重要一环。山东大学研究生支教团是山东大学依据《中国青年志愿者扶贫接力计划研究生支教团实施办法》组建起的支教团队。二十年来，山东大学研究生支教团始终秉承“传播山大特色文化，践行志愿服务精神”的理念，输送了一届又一届优秀的山大学子，将教育扶贫的火炬代代相传。支教者们在这片土地上挥洒他们青春的汗水，和灵丘人一起，书写着美好的明天。

“青年一代有理想、有本领、有担当，国家就有前途，民族就有希望。”习近平总书记的殷殷期望常在我们耳边回响。关怀催人奋进，责任重于千钧。共青团灵丘县委员会牢记总书记的教诲，多年来始终与支教队伍一道，担当责任，践行志愿精神，给予山东大学研究生支教团坚定的支持。共青团灵丘县委员会感谢你们二十年如一日的奉献，感谢你们坚定地投身于教育发展的伟大事业。你们是将理想和情怀付诸实践的青年，灵丘的孩子因你们而更好地成长。共青团灵丘县委员会会始终如一地全力支持支教团的工作，整合资源，加强服务保障，做好教学、扶贫、支援项目搭建等各方面工作，为你们铺就一条温暖的支教道路。

“东方欲晓，莫道君行早。踏遍青山人未老，风景这边独好。”未来的一年里，愿你们能够将山东大学“学无止境，气有浩然”的责任与担当精神带给我们的学生，去鼓励、支持和引导他们，也祝福你们不断成长，前程似锦。

中国共产主义青年团山西省灵丘县委员会
2018 年 12 月 4 日

第三话|情暖山区，德被教育

一种声音，穿破历史的云翳，裂空而来："有朋自远方来，不亦乐乎？""士不可以不弘毅，任重而道远。"

循声望去，烟云消散，圣哲已远……

然而，我有幸遇见了他们的追随者——二十年来山东大学研究生支教团的历届成员。

是啊，有朋自远方来，不亦乐乎？

有朋自远方来，壮大我教育力量，振奋我教育精神，激荡我教育情怀，不亦乐乎？不亦乐乎！

你们来了，带着党和人民的嘱托与期冀。

你们来了，带着齐鲁大地的儒雅与厚重。

你们来了，怀圣哲教化之理念，助山区教育之振兴，传中华文明之薪火，铸民族崛起之脊梁！

你们来了，从遥远的山东，携一路风尘而来；你们来了，来到山岩峻嶒、山风凛冽的偏远小镇——灵丘上寨。前一刻，你们还是父母牵挂的孩子啊；现在，却成了山村孩子崇拜的师尊。

你们，用青春的激情，渊博的学思，点燃了山村的暗夜，照彻了荒寒的心灵！

暮色苍茫，有你们家访归来的焦灼与疲惫；晨曦微露，有你们轻声细语的激励与叮咛……多少次奔走，多少次捐助，你们"捧着一颗心来，不带半根草去"，你们把希望播种，把大爱留驻！

因为你们，校园里的歌声更加嘹亮；因为你们，深山里的月夜分外明媚！

你们敢于担当，乐于奉献，用智慧和坚韧诠释了山东大学的精神内涵，也慰藉着两千多年前的古圣先贤……

少年辛苦终成事，鲲鹏展翅正当时。我坚信：你们一定会在民族复兴的伟大征程上奏出辉煌的乐章！

山西省灵丘县上寨中学校长　孟德强

2019年1月7日

第四话|勇做追梦人

斗转星移,岁月悠悠,二十年,弹指一挥间。在独峪中学和下关中学,支教大学生们留下了他们深深的印记:生动而活泼的课堂上有你们精彩的教学,激烈角逐的运动场上有你们驰骋的身影,庆“六一”和“迎新年”的舞台上有你们纵情的歌声……

为了追求理想,为了提升自我的人生价值,你们远离了丰富多彩的精神家园——都市大学,来到落后的山区学校。你们用行动见证着自己的诺言,用手中的接力棒不遗余力地做着追梦人,出色地完成了党和人民赋予的光荣使命。时至今日,二十届大学生,在灵丘南山这片贫瘠的土地上,度过了激情燃烧的岁月。对于每位来者而言,短短的一度春秋,又何尝不是一生所难忘的?因为青春无怨无悔,你们的亮点,犹如一颗颗闪闪的红星,永远照耀着每个孩子,激励着每位教师奋勇前行!

冬去春来,刊以此文,寄以寥寥心语,化作万千缕丝雨,赠给每位可敬的支教者!

山西省灵丘县下关九年制学校校长　杜富国

2019 年 1 月 24 日

第五话|支教路上有你相伴

非常感谢山东大学以优良的学风、一流的教育为我们培养了优秀的支教老师。多年来,来自山东大学的优秀人才,通过共青团山东大学委员会、山东大学研究生支教团,来到我校,有力地支持了山区的基础教育事业。再一次向贵校表达我真挚的感谢。

各位支教老师们,多年来,你们一代又一代接力,与我们共同见证了一所山区学校的变迁。平型关寄宿制学校建立在优秀的革命红色土壤上,教育能力辐射白崖台乡16个行政村。这里距城镇远,贫困、特困学生多,生活条件艰苦。虽然你们都是从城市来,但是都极快地适应了山区的生活,令人敬佩。你们虽然初为人师,但仍能很好地担负起教学重任,以你们开阔的眼界,生动的演讲,为孩子们打开通往山外世界的大门。

感谢你们的付出与陪伴。学校十分关心你们的教学生活。不论生活上还是教学上,学校一直尽最大努力帮助你们。学校全体老师也衷心地祝愿结束支教任务的老师们学业有成、前程似锦;十分欢迎即将到来的山大学子,让我们一起见证孩子们的成长。

山西省灵丘县白崖台乡平型关寄宿制学校校长　李献明

2019年1月25日

第六话|拼搏奋斗，无私无悔

亲爱的山东大学研究生支教团，正值研支团成立二十周年之际，很荣幸为你们写下这篇寄语。自2013年起，你们到新疆伊宁已经有五年了。五年来，一届又一届的支教团成员们，在祖国的西部，在伊宁这篇土地上，挥洒着青春的汗水。

2013年的夏天，山东大学第十五届研究生支教团的成员们踏上了前往新疆的路，那是你们第一次来，一待便是一年。到如今，已经是第五个年头了。这五年来，你们的足迹遍布伊宁县第一小学、伊宁县第二小学、伊宁县第四中学、伊宁县南通实验学校、伊宁县第二中学等多所中小学，你们以支教教师的身份，承担起学校的教学与教务工作，同时也为学校分担着德育工作、党建工作等，为新疆的教育事业贡献着自己的力量。

五年间，山东大学研支团不仅致力于新疆的教育事业，而且还关注着新疆的公益事业。你们创立并开展了“薪书计划”“心巢计划”“乡望活动”“爱的奇遇记”等公益项目与活动，为新疆学生送来他们渴望的书籍，关爱留守儿童的心理健康，到乡村小学开展趣味课堂，并用书信让济南与新疆两地的孩子们建立联系，切实关爱着新疆的孩子们，帮助他们健康快乐地成长。

我们十分感激你们的到来。你们作为新时代青年志愿者，发扬着“奉献、友爱、互助、进步”的志愿精神，用实际行动践行着公益精神，在祖国的边疆奉献着自己的青春。奋斗与奉献的青春是最美丽的，你们将最美丽的青春抛洒在祖国的大西北，拼搏奋斗，无私无悔。青年人是祖国的未来和希望，你们是新一代青年人的榜样，祖国的建设与发展离不开青年人的力量。

你们自远方而来，带着热情与希望，用汗水浇灌着祖国西部的花朵，用真情感染着这里的学生。你们常常念着那句口号:“用一年不长的时间，做一件终身难忘的事。”一年的时间不长，但你们对于支教地学生的影响却很长;一年的时间不长，可至此你们已经坚持了二十年。二十周年是很有纪念意义的，你们走过了这二十年的风雨飘摇与坎坷波折，在曲折中砥砺前行。

前路漫漫，但未来可期，希望你们能继续在志愿与奉献的道路上坚持下去。

最后，我由衷地祝愿山东大学研究生支教团未来能够发展得更加完善、更加成熟，也祝愿每一位研支团的成员都拥有一个光明而美好的未来！

中国共产党新疆伊宁县委员会

2018 年 11 月 16 日

第七话|不忘初心，不负韶华

亲爱的山东大学研究生支教团，仔细算一算，你们来到伊宁县这片热土已经有五个年头了。你们陪我们度过春夏秋冬，领略四季冷暖。一年又一年，从齐鲁大地到瓜果之乡，从泉城济南到杏乡伊宁，你们存在，天涯比邻。

很幸运，你们来到塞外江南、诗画伊犁。三月，我们一同见证了千树万树杏花盛开，绯红铺满整个山谷；四月，我们漫步在喀拉峻草原编织出的五彩花毯上，遇见芳馨馥郁；六月，薰衣草庄园，迷了双眼；七月，油菜花海，吐露芬芳，百转千回，念念不忘；大西洋的最后一滴眼泪——赛里木湖，是大西洋的暖湿气流最后的眷顾地，我们曾在蓝宝石般的蔚蓝湖面上亲历时间驻足。这里有一个又一个的春天，如同一届又一届的你们，倾国倾城，让人怦然心动。

很幸运，我们拥有你们。伊宁县第一小学、伊宁县第二小学、伊宁县第四中学、伊宁县南通实验学校、伊宁县第二中学，五年间，你们的足迹遍布各所学校，以梦为马，播撒爱与希望，就像茫茫大漠中的白杨伫立边疆，挺直秀颀。你们可以是语文老师，是英语老师，是数学老师，是物理老师，是体育老师，可以是任何一门学科的老师，在需要的时候。在孩子们眼里，你们就是无所不能的“超能老师”。你们每个人还身兼数职，除了日常授课，你们可以运营新媒体平台，你们可以协助教务工作，你们可以协助德育工作，你们可以协助团委工作，你们可以协助党建工作。在同事们眼里，你们也是无所不能的“超能老师”。你们常开玩笑说自己就是一块砖，哪里需要哪里搬；你们也常说，在这里你们真正感受到了被需要的感觉。说真的，我们需要你们，我们离不开你们。每次谈论起孩子们让你们哭笑不得的事情，让你们开怀大笑的事情，你们的脸上洋溢出来的是满满的幸福。“用一年不长的时间，做一件终身难忘的事”，这件事情你们已经做了五年，并且将会一直做下去。不少幸运的孩子在经历过两届甚至三届山东大学研究生支教团的老师，多年以后当他们提起当年的你们依然手舞足蹈、依然念念不忘的时候，我们也就不难理解当你们离开的那一刻为何会泪流满面，依依不舍了。当有孩子告诉你们长大后要成为你们那样的支教老师的时候，当有孩子告诉你们要立志考山东大学的时候，我相信你们是无比自豪的吧。

短短的几年间，你们充分发挥了自己的优势，在这里创办了“薪书计划”，给远在边疆渴望读书的孩子们带来了他们梦寐以求的书籍；开设了“心巢计划”，关注留守儿童，用爱给心一个家；开展了“乡望活动”，定期给克伯克于孜村小学带去你们的问候；举办了“爱的奇遇记”，用书信架起了济南和伊宁孩子们沟通的桥梁，让两地的距离成为最有温度的3900公里。

我们常说，伊宁县团委就是你们的娘家，时时刻刻让我们牵挂的是你们在各自工作岗位的生活。你们来自五湖四海，独在异乡，我们想尽可能地去看望你们，让你们在假期也能感受到家的温暖。不管多忙，每月都会有一次和大家相聚在一起的机会，听大家聊聊最近的生活，看到你们幸福的模样，我们就安心了。

未来的你们啊，相信会更加优秀。我们有这个自信，源于你们让我们产生的信任。山东大学研究生支教团，一个响当当的名号，不仅是在伊宁县，而且在伊犁哈萨克自治州、在新疆维吾尔自治区、在全国都能听到你们的声音。当得知《光明日报》不远万里前来专访你们的那一刻，我们也感到无比光荣，希望未来的你们可以扛过大旗，继续发挥山大人吃苦耐劳、踏实能干、无私奉献的精神，将品牌越做越大，越做越响亮，继续为伊宁县的教育事业增砖添瓦，在各自的岗位上发光发热，不忘初心，不负韶华。

曾经支教过的你们，希望以后可以回娘家来看一看，看一看让你们依依不舍的孩子们，再尝一尝你们心心念念的大盘鸡、椒麻鸡、抓饭、烤肉，再走一走曾经的街道，逛一逛熟悉的校园。现在在支教的你们，希望你们珍惜剩下的时光，在短暂的时间里迎着阳光绽放光芒，顶着风雨执着前行；未来来支教的你们，我们就在这里，等风等雨也等你。

中国共产主义青年团新疆伊宁县委员会

2018年11月19日

第八话|幸福教育路上，有你同行真美

怀着对西部教育事业的热爱和一份赤子之心，在团中央的号召下，你们毅然离开家乡，舍弃城市生活的舒适安逸，带着对社会的责任与感恩，对教育的热爱与执着，对新疆的向往与憧憬，对孩子们的关怀与希望，从 3900 公里外来到了西北边陲，用渊博的知识、独特的见解，给杏乡伊宁的教育注入了新鲜的血液、增添了新的动力、拓宽了新的视角。

和山大初识于 2015 年，随着一批批山大支教生的到来，我们和他们成为了永远的家人。一年年的支教生活如流水般远去，回过头仔细地想一想，除了那一张张充满青春活力的面容，那一场场感人的场景外，还有很多值得我们去回忆、去体会、去感慨……

奉献的山大人

八月的伊宁已有丝丝凉意，山大生的到来为这里平添了许多靓丽的风景。教务处是学校最忙碌的科室之一，分课、排课、巡课、学业水平测试、整理档案等时时处处都有山大生的身影。你们任劳任怨，经常加班到天黑，却从不抱怨，有时还乐呵呵地自我安慰:“苦点、累点没什么，我们就是来学习的，这样我们的支教阅历才会更丰富……”

德育处主抓学生的思想政治教育，丰富多彩的德育活动离不开精心的策划。为了让每一次活动都精彩纷呈，具有实在的教育意义，山大生常在德育处与教室间穿梭。每一次活动前，你们都会和德育处的老师认真讨论活动流程，精心策划，撰写活动方案、主持词，训练主持人，布置舞台等，将每一次活动从开始的策划到最后的资料整理都做到尽善尽美。入学礼、开学节、科技节、音乐节、英语节等都留下了你们的足迹与智慧。

党建办的工作虽然看似格式化，但离不开细心。你们常常主动去党建办公室帮党建员撰写政治学习计划，认真核查老师上交的各类材料，对学校党建工作提出合理的意见和建议……

总之,你们就像一块砖,哪里需要哪里搬。这一桩桩、一幕幕深深地刻在我们的脑海中。你们将"无私奉献"与"身体力行"这两个词语诠释得更加完美。

团结的山大人

"团结就是力量",这句话说得多好啊！这句话在你们的身上也体现得淋漓尽致。虽然你们每届在这里只待了一年的时间,但你们却和不同民族的老师、孩子们朝夕相处,不是亲人胜似亲人。

时光,你常说新疆是你的第二个家,因为在伊宁你有一个回族姑姑——丁玉霞。丁姑姑经常给你做好吃的,你也经常帮姑姑干这干那。丁姑姑结婚时你因事未能参加,一放假你就专门回伊宁看望她,并为她送上迟到的祝福。今年你的回族姐姐韩伟洁结婚,你又特意从山东飞到了伊宁来参加她的婚礼。你经常通过 QQ 与维吾尔族的孩子们聊天,孩子们也都给你留言,表达对你的思念之情……民族团结之花在你心中开得永远那么鲜艳。

杭耘,你是孩子们心目中的温柔姐姐,开朗活泼的你下课后常常被孩子们围着,拉着你的手舍不得让你回办公室。还记得那年新年晚会上,你和维吾尔族男孩们的一曲街舞表演让师生们大呼过瘾,令人刮目相看。

润枫、佳程,你们每天放学自发为班里的少数民族孩子补习国语、数学、英语,有的时候连饭也顾不得吃。在放学之后所有的老师都回家了,你们的办公室还是灯火通明;当值班的老师都睡觉了,你们才悄悄地走出校门。孔子说,"举一隅不以三隅反,则不复也",可是你们从不放弃任何一个孩子。你们兢兢业业辅导孩子的情景在我们脑中定格。

尽职的山大人

学校的教学工作是繁重的。还记得你们到学校的第二天便顾不上休息,主动请缨要到教学一线,用自己的实际行动践行着一名教育人的责任,令老师们非常钦佩。

龙飞,在学校缺音乐老师的情况下,你主动担任了一年级的音乐老师。一个大男孩领着一群小不点,大男孩认真地教,小不点用心地学。师蓉,你通晓六国语言，凭着一口流利的美式英语征服了四个班的孩子。孩子们只要一听是你的课就兴奋不已。晓芳，一个爱哭爱笑的山东姑娘。你成了教务处的后备军，脏活、累活你都会抢着干。嘉伟，来自内蒙古的爽朗小伙子。你虽然在综合科，没有统考任务，但为了让孩子们学到更多的知识，你坚持在每节课前都做课件，力争让课堂更加生动、有趣。嘉豪，你在第二小学最无助的时候运用法律武器维护了学校的尊严，还成立了模拟法庭社团，通过视频连线的方式让孩子们参观了山东大学法学院和中国政法大学，让他们领略了国内著名法学殿堂的魅力。梁蕾，温柔的才女。你为孩子们写过很多诗，他们到现在都一一记得。一潇，那篇报道过你的新闻，我一直收藏着。硕鑫、自彬、雨心、宇宁，三个小美女加一个大男孩一天到晚忙个不停，脏活累活抢着干，从不抱怨。润枫、佳程，你们是合校以后第一小学的新鲜血液。润枫积极为一小撰写推送信息；佳程充分发挥了自己的专业才能，完善了一小的微信平台。独具特色的平台建设，让更多的人喜欢看一小的微信推送，进而认识一小，了解一小，支持一小……有了你们的无悔付出，相信第一小学的未来会更加美好。

师生鱼水情

在你们的眼中，孩子们可爱、活泼；在孩子们的眼中，你们就是他们亲爱的哥哥、姐姐。你们和孩子们打成一片，经常义务到维吾尔族小朋友家辅导功课，不厌其烦地给他们讲解题目，指导他们朗读……课后，孩子们总喜欢围着你们打听海边的趣事，听你们叙述山大的故事。你们也爱跟孩子们学习维吾尔族舞蹈，去孩子们家中做客，品尝具有民族特色的食品，了解少数民族的风俗习惯，和家长谈谈教育孩子的方法，尽力改变他们落后的教育观念……每年的送别会上，孩子们抱着你们失声痛哭，舍不得你们离开。小小的孩子因为你们而懂得了深深的离愁。你们将自己的热情洒在伊宁这片土地上，留给我们的是深深的怀念。

除了日常教学工作，你们还和伊宁县福利院开展了“心巢计划”，每天利用晚上的时间去福利院给孩子们辅导功课。团队成员还精心策划组织了一系列山东大学研究生支教团品牌公益项目，一方面组织开展了“薪书计划”图书募捐活动、“心巢计划”心理健康活动以及“乡望课堂”送教下乡项目；另一方面积极创新公益形式，发起并实施“信疆游——一张明信片的奇幻漂流”，搭建起一个内地学子与边疆孩子书信往来的平台……你们的一次次善举成为伊宁的一道道靓丽的风景线。

“基于爱心的呼唤是最深沉的呼唤，出于自愿的事业是最有生命力的事业，服务他人的行为是最高尚的行为，奉献者的语言是最易沟通的人类共同语言。”在伊宁，你们充分发扬了山大人无私奉献的精神，你们的敬业、奉献、乐观、向上的精神让伊宁的教育事业迈上了一个新的台阶。你们是我们幸福的源泉，你们是我们巨大的财富！

教育路上，有你真美，教育路上，感谢有你——山大研究生支教团。

一年支教路，终身支教情。请相信，山大的声音定会在伊犁河谷唱响！

新疆伊宁县第一小学党支部书记　高娅萍

2019 年 1 月 1 日

第九话|奋斗在三尺讲台

五年前,山东大学研究生支教团来到新疆伊宁县服务,在那时,伊宁县第二小学便与你们结缘。五年来,21 位山大支教者们在这里发光发热,书写了非凡的支教故事,谱写了一曲绚丽的人生华章。值此山东大学研究生支教团成立二十周年及到伊宁县第二小学服务五周年之际,我代表全体师生向你们表示由衷的祝贺!

五年的光阴似白驹过隙,回首望去,这是一条笑中有泪、苦中作乐的道路。你们不畏艰难,以逢山开路、遇水架桥的精神,为伊宁县第二小学的发展做出了不可磨灭的贡献。无论是打开孩子们眼界的“薪书计划”,还是关心关爱留守儿童的“心巢计划”,无论是那一堂堂生动的班会课,还是不断丰富的校园文化活动,都是你们留给我们的宝贵财富。校园中的一草一木都与你们结下了深厚的情谊,你们更是二小大家庭中不可或缺的成员。由衷地感谢五年来你们的辛勤付出,谢谢你们!

我还记得你们总挂在嘴边的两句话。一句是你们的口号:用一年不长的时间,做一件终身难忘的事;另一句则是你们的母校山东大学的办学宗旨:为天下储人材,为国家图富强。此时此刻,我想这两句话是对你们这二十年来躬身祖国西部的实际行动的最好褒奖,你们担得起“人民教师”这个崇高的身份,扛得住“支援西部”这个光荣的使命,我们为你们感到无比的骄傲。

二十年,这是你们大爱无疆的历史,但是我相信,这也是你们崭新的起点。未来,我们将继续携手奋斗在三尺讲台,奋斗在祖国西部。我坚信,二小的所有师生也坚信,山东大学研究生支教团是一支所向披靡的队伍。你们将会书写出更加绚丽的人生篇章!伊宁县第二小学永远是你们的家,我们也将一如既往地关心和支持山东大学研究生支教团,期待着下一个二十年,我们一起创造更多辉煌!

最后,再次向山东大学研究生支教团成立二十周年表示祝贺!

新疆伊宁县第二小学党支部书记　朱晓燕

2019 年 1 月 27 日

第十话|一书一诗度一秋，从此不言愁和忧

用一年的时间，做一件终身难忘的事，是山东大学研究生支教团始终坚守的信念。支教是一段缘分，一份情怀，一个约定；是一份使命，一种选择，一种奉献！每一段支教旅程是一本书，或许是月刊，或许是季刊，或许是年鉴。从封皮到内容，从扉页到结束，都融入了人生的细节精彩。细细品读，波澜起伏；慢慢回味，斑斓记忆！支教是一杯清茶，有着清丽的色泽和醇厚的味道；支教是一幅画，展现青春靓丽的色彩；支教是一首歌，吟唱人生的苦乐年华。简单并快乐着，平淡并享受着，付出并收获着。是期待与忐忑，是使命与担当，是心愿与追求。是伟大中的平凡，是平凡中的伟大。激情燃烧在天山脚下，“一书一诗度一秋，从此不言愁和忧”！

新疆伊宁县南通实验学校党支部书记　顾瑞环

2019 年 1 月 26 日

第十一话|传授知识，传递梦想

值此山东大学研究生支教团成立二十周年之际，确山县委、县政府向一直以来关注和支持确山脱贫攻坚事业的山东大学表示衷心的感谢！向用知识和爱心助推确山教育事业发展的各位志愿者表示崇高的敬意！愿山东大学研究生支教团越办越好，让更多优秀的学子参与其中，投身到基层、到祖国最需要的地方去磨炼自己、帮助他人，传授知识、传递梦想，用青春书写绚烂、无悔的华彩篇章。

中国共产党河南省确山县委员会

2018 年 11 月 23 日

第十二话|践行“支教梦”，振兴“中国梦”

岁月如歌，青春似火。转眼间，山东大学研究生支教团已走过二十载春秋。二十年来，一群又一群的热血青年相继背起行囊，背井离乡，不畏艰难，来到祖国最需要的地方，用青春和热血铸就了时代的辉煌。他们用爱心服务贫困地区的教育，用行动和智慧促进贫困山村的发展。他们将个人追求和国家发展紧密地联系在一起，他们勇敢肩负起时代赋予的重任，以青春梦想、志愿行动积极投身于社会主义现代化建设，为实现中华民族伟大复兴的中国梦而不懈奋斗！二十年来，他们始终如一，虽服务于不同地方，却拥有共同的理想，他们就是光荣的青年志愿者——山东大学研究生支教团。

时势造就青年，青年创造历史。党旗所指就是团旗所向！党的十九大向我们展现了全面建成小康社会、开启全面建设社会主义现代化新征程的宏伟蓝图。当代青年既生逢其时，也重任在肩，既是追梦者，也是圆梦人。山东大学团委在党的领导下，以习近平新时代中国特色社会主义思想为指导，积极选派优秀青年下乡支教，自觉服务脱贫攻坚大局；山大研支团的青年志愿者们更是牢记紧跟党走的初心，牢记习近平总书记的谆谆教诲，立志振兴乡村教育，用行动来践行“支教梦”，振兴“中国梦”，用担当和责任奏响新时代的青春之歌！

时代召唤青年，青年创造未来。山东大学研究生支教团连续到确山服务已有两年，为确山教育事业的发展做出突出贡献。你们有激情、有理想，能很快地适应环境，完成身份的转变；你们不怕吃苦、不怕受累，没有半分娇气，同其他老师一样吃住在村；你们积极作为，主动参与脱贫攻坚工作，为村民能早日脱贫日夜坚守在一线。从你们身上，我们看到了新时代青年的蓬勃朝气和担当作为。你们是光荣的人民教师，肩负着为贫困学生传道、授业、解惑的任务。你们是青年志愿者，奉献、友爱、团结、互助，就是你们的精神。青春在奋斗中升华，青春在奉献中闪光。希望你们高悬理想之帆，树立担当之志，践行奋斗之路，汇聚青春之力，在基层练就过硬本领、锤炼高尚品格，在火热的青春中放飞人生梦想，在拼搏的青春中绘就事业华章。愿你们能够牢记支教的初衷，用最初的心，做有意义的事，奏响新时代的最强音！我们也相信，山东大学研究生支教团在校团委的坚强领导下，一定可以走得更加铿锵有力、信心满怀！

中国共产主义青年团河南省确山县委员会

2018 年 11 月 23 日

第十三话|教育扶贫，共赴芳华

2018年是山东大学研究生支教团成立的第二十个年头，是山东大学对口帮扶河南确山的第二年，而我们老臧庄小学也迎来了第二批前来支教的山大研支团的志愿者。作为国家级贫困县，确山县在中组部的统筹安排下与山大结缘，我们老臧庄小学更是早早地参与到了教育扶贫的项目当中。从最早的教师培训到后来的学生交流，每一次安排都体现着山大对我们老臧庄小学的关爱，而直接派出研支团的志愿者们前来支教则是对我们当地教育的最大支持。

追忆篇

回想2017年9月1日，山东大学研究生支教团河南队的三名成员首次抵达确山，从此揭开了山大帮扶确山教育的新篇章。在领导们的关怀下，我们争取到了李瑞与李露瑶两位成员驻守老臧庄小学，而另一位成员乔欣则去了确山县的其他学校。直至2018年6月他们最终离开，短短一年的时间，我们与支教者们结下了深厚的友情。分科带班、组织活动、走家串户、洗衣做饭……从工作到生活，从同事到朋友，他们不只是山东大学的准研究生们，更是我们老臧庄小学的一员。这一年是老臧庄社区全面脱贫攻坚的决胜之年，学校部分老师在完成本职教学工作之余还要投身于如火如荼的扶贫工作当中，针对每一户贫困人口的具体情况灵活采取有效的帮扶措施。而李瑞和李露瑶更是主动要求加入到扶贫队伍中去，这样一来，他们的压力就更大了：复杂多变的基层问题处理，贫困户的走访帮扶，扶贫工作的政策宣讲……他们在这里不单要当好孩子们的老师，还要努力当好“扶贫干部”；他们和其他扶贫工作人员一样连夜加班，整理工作档案，完成迎检任务。他们的到来不仅为学校的教育工作注入了新鲜血液，而且还为老臧庄社区的扶贫事业增添了有生力量。

行进篇

今时今日,又有雷童、秦宇、张晓航三名研支团成员在老臧庄小学贡献自己的力量。教室的讲台上,他们一个个神采飞扬,讲起课来更是滔滔不绝。那一刻他们身上散发的是属于人民教师的光芒。办公室里,他们的桌案上摆满了要批改的作业和试卷,每一次授课完毕他们都迫不及待地想要知晓孩子们的掌握情况。“这道题怎么做错了?我明明讲得很清楚了呀!”“哎哟,这小子进步挺大的嘛!”“这次考试还是不够理想,接下来该怎么办?”……时喜时忧,或赞或叹,支教的日子就这么匆匆流过,而改变也悄然发生。孩子们慢慢地和支教老师们敞开心扉,他们用最真诚的心去听课、去发问、去跟老师做朋友。此外,三位老师同时还是社区里的志愿者,走访贫困户时他们要跟着,接待考察人员时他们要做好服务工作,举办文艺活动时他们要担任主持,搬个桌椅柜子也总能见到他们的身影,更别说整理材料、统计数据、打印文件这些琐碎的日常事务了。在这里,他们努力做好自己的各项工作,并尝试着用自己的方式带来改变。作为承上启下的一届,他们的工作已然步入正轨,更多开创性的工作等着他们去做,相信他们能够取得新的成绩。

展望篇

从最初将帮扶脱贫拓展到教育领域,再到山大派毕业生前来支教,老臧庄小学与山大研支团将携手走进第三个年头。学校的发展有目共睹,学生的进步令人振奋。伟大的事业仍在继续,确山县的脱贫攻坚任务已到了关键阶段,我们老臧庄小学想要打造成为教育扶贫的样板工程也还有一段路要走。相信有山东大学的大力支持,有山大研究生支教团的鼎力相助,有各位研支团成员们的尽心尽力,我们老臧庄小学的教育水平一定会在未来再上一个新台阶。

值此山东大学研究生支教团成立二十周年之际,我谨代表河南省确山县三里河街道老臧庄小学表示最诚挚的感谢,感谢你们的无私奉献与付出,感谢每一届志愿者们“用一年的时间,做一件终身难忘的事”。

河南省确山县三里河街道老臧庄小学校长　周　敏

2019 年 1 月 1 日

附　录

山东大学研究生支教团介绍及培养方案

山东大学研究生支教团，一年一年为乡村孩子播下梦的种子，过去从未间断，未来仍将继续。揣着激情与梦想，从没间断的爱心接力，见证势不可挡的青春，这便是山东大学研究生支教团。

（一）基本情况

山东大学研究生支教团，是由团中央、教育部联合组织实施的青年志愿服务扶贫接力计划全国示范项目。自1998年起，至2018年已成功组建二十届，共计272名志愿者加入了山东大学研究生支教团，先后赴青海、山东、山西、新疆、河南等地共10余所中小学开展了支教扶贫工作。现阶段定点服务地为：山西省大同市灵丘县、新疆维吾尔自治区伊犁哈萨克自治州伊宁县、河南省驻马店市确山县。

山东大学积极创新，在团中央“中国青年志愿者扶贫接力计划”的基础上，设立了“山东大学支教奖学金项目”。由此，2017年，第十九届研究生支教团成员第一次踏上了河南省确山县的土地，成为新的开拓者。确山计划的实施，标志着山东大学在原有西部计划基础上，自主组织、独立发展、积极开拓新的支教项目，成为山大研究生支教团发展中的重要里程碑。

(二)文化标识系统

山东大学研究生支教团始终注重团队文化建设,在加强队伍凝聚力的同时形成了一系列的团队文化标识。在参加校内外各种活动时,队员们都会携带山大研支团标识,铭记自己是山大研支团的一员,谨言慎行,凝聚团魂,薪火相传,一脉相承。

1. 山大研究生支教团团徽、团旗、卫衣

山东大学研究生支教团团徽

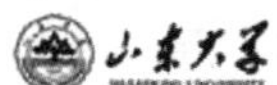

山东大学研究生支教团团旗

山东大学研究生支教团卫衣

2. 山大研究生支教团之歌

希望之声

词/曲:李　汉

列车疾驰,奔向远方的终点。
驿站连连,何处是我们的家园。
背起行囊,跨过千山万水漫漫的长路,
点燃放飞,理想的期待。

风行渐远,吹散风雨空山前。
陈暮褪去,远离往事的喧嚣。
苍墙课堂,朦胧犹见自己伫立在童年,
宛如羞涩天真的笑脸。
千里征程,总是伴万卷情;
青春日记,我无悔的印记;
希望之声,飞遍每个角落;
落地生根,播种下光和热。

风行渐远,吹散风雨空山前。
陈暮褪去,远离往事的喧嚣。
苍墙课堂,朦胧犹见自己伫立在童年,
宛如羞涩天真的笑脸。

千里征程，总是伴万卷情；
青春日记，我无悔的印记；
希望之声，飞遍每个角落；
落地生根，播种下光和热。
……

3.宣传片

《大山里的山大人》是由山东大学团委联合学校党委宣传部、电视台、新闻传播学院策划，由“百微山大”微型纪录片拍摄团队制作，历时数月完成的关于山东大学研究生支教团系列宣传片之一。

《大山里的山大人》主题宣传片

(三)完善的工作体系

1.政策保障

学校印发了《山东大学研究生支教团管理办法》(山大青字〔2017〕21号)，办法规范了研究生支教团的招募选拔、预备期培训、集中派遣、表彰激励、跟踪培养等工作。学校每年度按照全国西部项目办公室要求，在山东大学优秀本科生推荐免试攻读研究生领导小组的领导下，面向全校发布招募通知。

2.组织管理

山东大学西部计划项目办公室负责学校研究生支教团全过程管理实施工作。在共青团山东大学委员会的领导下制定和落实相关政策和保障措施，确保研究生支教团志愿者在教学一线岗位服务，协助做好日常管理等工作，积极推动校地合作。每届研究生支教团根据工作开展实际情况设置团长、副团长若干职务。同时，依照党章、团章中的有关条款，在各地支教团中根据实际情况成立临时党支部、团支部，定期开展组织生活。每届各地党支部、团支部书记与团长共同负责团结和带领研究生支教团志愿者在志愿服务过程中进行自我服务和自我管理，并按照要求定期向学校项目办汇报支教工作的进展情况。

3.选拔招募

山东大学研究生支教团（含山东大学支教奖学金项目——确山计划）按照“公开招募、自愿报名、择优选拔”的方式，招募一批具备本校推荐免试硕士研究生资格的应届本科毕业生和部分在读研究生，派往山西灵丘、新疆伊宁和河南确山中小学校开展为期一年的基础教育教学志愿服务工作。由学校项目办组织资格审查、体检和面试，确定候选人名单，张榜公示，征求意见，确定正式人员后上报学校推免工作领导小组和全国项目办。

4.培训体系

每届研究生支教团组建至出征期间，共青团山东大学委员会西部计划项目办公室会为每名队员安排为期一年的培训，培训期纳入考核。山东大学研究生支教团以培养一名“师范生”的标准，建立了完善的培训体系，要求研究生支教团志愿者每周完成至少三个课时的学习，为每名应届志愿者配备一名往届志愿者为导师，旨在全面提高支教学生的综合素质。

(1)主题教育活动。项目办要求研究生支教团志愿者主动学习党的十九大报告精神和习近平新时代中国特色社会主义思想，学习习近平总书记系列讲话精神，定期提交思想汇报。同时安排了党史、团史、校史校情的学习，支教地相关情况的了解，安全健康主题教育等活动。

(2)教学能力培训。教学能力作为重中之重，是支教团培训中用时最长、实践最多的培训项目。项目办邀请山东大学相关学科教授，省内知名高中、初中最具经验的教师，省广播台的主持人等，对志愿者的板书设计、普通话、发音训练、教案设计、心理疏导等对教学有益的方面进行了专门的授课与练习。

(3)工作技能培训。为使志愿者更好地适应未来一年的工作，学校项目办为志愿者安排了办公软件训练，新闻稿的撰写，微博、微信等社交平台的使用，摄影摄像技术的学习，图片视频编辑技术等各方面的培训。

(4)教学岗位实践。在完成以上培训项目之后，学校项目办联合山东大学附属中学，要求志愿者进行为期一个月的教学实习。志愿者在山大附中须作为带班老师，承担至少一门课程的教学任务；不仅需要对班级事务、学习情况负责，而且还需要参与学校组织的各项活动。

(5)团委岗位见习。为提升支教学生参与支教地及学校团委的基层组织建设的能力，在培训期间，学校项目办要求每名志愿者参加学校团委各部室的见习工作，注重锻炼支教团新成员的吃苦耐劳精神、环境适应能力、良好的表达能力以及奉献精神。

(6)学校特色培训。山东大学厚植齐鲁沃土、孔孟之乡，在中华优秀传统文化的传承与发扬方面一直走在前列。学校项目办依托山东大学传统文化研究与体验基地，为研究生支教团志愿者拓展篆刻、国画、古乐、书法、围棋、结编、拓印、京剧等传统文化相关知识，以便在支教地进行相关活动的组织与开展。

5. 跟踪培养

学校项目办通过为每位志愿者建立写实档案、支教团人才库和网络交流平台等方式，加强对历届研究生支教团志愿者的跟踪培养与吸引凝聚。将服务期满、表现突出的研究生支教团志愿者纳入学校“优秀团干部(兼职)培养计划”，推荐担任辅导员和参加各级有关部门、团委组织开展的交流、进修、学习等活动，对表现优秀的志愿者推荐参评山东大学赴西部、基层和重点单位就业毕业生表彰。

(四)品牌项目

山东大学研究生支教团在完成基础教育教学工作的基础上，联合服务地团委和各学校积极开展公益活动。经过多年传承和完善，形成了一系列品牌志愿服务项目，一定程度上缓解了教育资源不均衡的现象，引起了社会各界的强烈反响。

1. 薪书计划

2004 年，山东大学研究生支教团回访上寨中学时捐赠图书 408 册，该项目逐步发展成为研究生支教团品牌项目——“薪书计划”；2017 年拓展了“山东一山西一新疆”图书漂流活动，在伊宁县第二中学、第二小学等学校设立了“薪书图书馆”“薪书图书角”“薪书书屋”等。

2. 乡望课堂

2014 年，针对支教地中小学文体教育资源匮乏的现状，山东大学研究生支教团成员发起了“乡望课堂”，该计划旨在将发达地区的教育资源引入西部和山区。志愿者利用课余时间以项目接力的形式为服务地其他乡村的小学送去丰富多彩的课程。几年来,团队成员不断探索,确定了“乡望课堂”以传承优秀传统文化,拓宽乡村学生的视野。

3.心巢计划

2016年11月,针对支教地留守儿童情况,在山东大学政治学与公共管理学院吴东民等专家组成的课题组的指导下,在灵丘、伊宁开展了包括“情感树洞”“团体辅导”“信件漂流”等在内的一系列活动,并在山西、新疆的多所服务学校、福利院设立了“心巢计划”心理咨询室。

4.信疆游

2016年,为促进民族团结一家亲,山东大学研究生支教团发起了“信疆游——一张明信片的奇幻漂流”活动,为内地学子与边疆孩子书信往来搭建起平台。活动发起后,受到济南市与伊宁县各中小学校的热烈欢迎,数千张明信片将两地学子的心连接在了一起。

5.爱的奇遇记

2017年,山东大学研究生支教团在山东省济南市燕山小学与新疆伊宁县第二小学之间展开“爱的奇遇记”活动。通过“班班结对”,两地小学生两两结对共绘一幅画、交换一封信、互赠一份小礼物、参加一次民族团结主题班会,丰富了民族团结一家亲活动的内涵和形式。活动内容简单而不乏创意,单纯而充满童趣,可推广性强。

(五)宣传推广

山东大学研究生支教团通过“线上+线下”双渠道进行宣传与推广。学校每年定期举办宣讲报告会,号召和引导广大毕业生投身西部计划事业中来;研究生支教团同样积极参与到山东大学各项活动中去,在“山大故事”晚会、“榜样的力量”颁奖典礼、山东大学毕业晚会、山东大学志愿者行动主题展等大型活动中都有山大研究生支教团志愿者的身影。在网络宣传阵地,山东大学研究生支教团设立了微信公众号,开辟了“支教日签”“支教日记”等简洁美观的板块,引起了国内诸多高校研究生支教团的关注,进一步扩大了山东大学研究生支教团的影响力。

“山岩”是山东大学研究生支教团给自己起的名字。第十八届支教团的吴其珍说:“山岩,亦作‘山嵓’,指险峻的高山。汉代郑玄说:‘言昔日未居位，在晨之时，与友生于山岩伐木，为勤苦之事。'支教事业，就是与一群志同道合的挚友致力于一件勤苦之事。"他们将"山岩"的品质作为整个团队孜孜不倦的精神追求。第十七届支教团的前辈曾写下一首《山岩·南山南》，其中一句是"穷极一生，只为你欣喜"，或许这就是对"山岩"最好的阐释。

如今数来，"山岩"坚守在祖国西陲，植根于大山深处，已有7000余日。最初我们向支教地的每一位孩子承诺：山东大学的哥哥姐姐们会永远陪伴你们。这个诺言，如今已经延续了二十年。二十年，一代又一代"山岩人"凭着理想与情怀，秉承着传播山大文化的重任，践行着志愿服务精神，坚守在祖国最需要的地方，如高山危岩，任凭骤雨狂风，我自岿然不动。山东大学研究生支教团一届又一届的志愿者们，一定会带着鲜明的山大印记，传递着最初"教书育人"的心愿，砥砺前行，始终如一。二十年，我们一直在路上！

山东大学研究生支教团历届成员名单

第一届	于专妮	刘大诚	张洪良	陈衍东		
第二届	吕　峰	孙建德	杨　凯	周　飞		
第三届	边　炜	朱兰兰	杨文娟	宋小伟	张婷婷	
第四届	朱晓霞	朱　峰	刘奇耀	孙亚男	李　健	路云生
第五届	吕振林	刘　娜	沈高峰	周　琳	胡　滨	段　昕
	葛　桐	潘永军				
第六届	孔大伟	李继宝	张守慧	张文苹	张琳琳	张浩军
	邵　鹏	孟　杰	夏　鑫	徐　彻		
第七届	王孝刚	尹　磊	田　真	刘兴涛	孙永福	杜英玲
	李永卫	初苗苗	张　添	侯永军	耿　伟	徐从德
第八届	刘建刚	李军乐	张　引	张　诚	张　剑	张　睿
	武兴翠	赵　亮	彭利国	温晓尉		
第九届	王　凯	卢　磊	毕　硕	孙晓晔	李　斌	逄学艳
	骆　飞	徐　艳	徐艳霞	高继林	程亚洲	窦和新
第十届	丁鹏飞	王强强	邢　成	毕重军	闫海波	杜婉君
	李　峰	徐福明	黄　莹	盛道鹏	程媛媛	窦会涛
第十一届	于　啸	尹志明	吉　霙	吕文静	刘　波	刘雪峰
	汤　杰	余晓强	高凤华	彭　涛	董雪纯	焦　阳
第十二届	于　馨	王银峰	孔德馨	刘亦翔	刘志刚	刘　政
	孙惠燕	沙玉珍	张长国	张金铁	林晓倩	曹　帅
第十三届	王　伟	齐乃鑫	许多多	孙泽宇	武　岳	侯旭奔
	袁付娜	柴　敏	徐　俭	彭清萍	韩庆宇	颜泽洋
第十四届	丁婷婷	马千驰	王新娟	付文涛	李　汉	张丹潞
	张婷婷	张守桢	徐美玲	崔成伟	商　琪	董　昕
第十五届	丁钦阁	于双阳	于青民	于新九	曲　仪	孙旭然
	李志强	李鹏超	杨晓雨	宋光宇	张明伟	张慕群
	张聪聪	陈纪旸	陈临沛	逄晓琳	袁鲍蕾	黄　瑛
	魏静茹					

第十六届	甘泽政	刘克奇	刘　晗	祁昊宇	杜以恒	杜君斐
	李建文	吴振宇	张　伸	张禹桐	张磊清	钟亚妹
	贾全超	党瑞琪	铁诗瑒	徐宇芹	徐瑞恒	龚宇轩
	常博凯	彭　鑫	覃晓君	程广沛	慕庆宇	
第十七届	丁一明	马敏迅	云　帆	冯梓航	冯淑桦	师　蓉
	向怡泓	刘龙飞	刘　璐	李杭耘	李晓芳	杨沐蓉
	杨国帅	何艳艳	张亚萍	张锐杰	陈时光	苗雨生
	郑泽文	徐方舟	徐　聪	凌昊天	葛鹏飞	路　璐
第十八届	于一潇	王大凯	王　洁	王嘉玮	朱家豪	刘芳媛
	刘　杰	刘胤岐	刘　琛	杨　帆	杨　宇	吴其珍
	汪晓瑞	张　玥	张金楠	张栩栩	陈　蓓	范雪汝
	周颖健	钱　琪	徐大力	唐晓曼	梁　蕾	
第十九届	王艺霏	王世杰	王会玲	王雨心	王婕妤	白硕鑫
	乔　欣	孙　越	李洪宇	李　瑞	李露瑶	李　鑫
	吴佩霖	陈自彬	陈　洁	陈　鑫	赵宇宁	赵凌新
	胡欣婷	侯潇洁	袁　坤	柴宏芹	徐晓峰	曹　智
	常　赛	薛荣鑫				
第二十届	王艺骁	王雨晴	王　昊	王　顺	叶　艺	刘长超
	刘　帆	刘润枫	阮佳程	李希洁	张　帆	张来仪
	张晓航	张皓琛	陈　婷	周煜博	孟　鑫	赵　林
	胡国峰	秦　宇	夏侯迪	黄凯龙	董泽正	程诗雨
	雷　童	臧琳冬				
第二十一届	马孔融	王子煜	王修宇	王冠杰	王晓嵩	王润治
	王婷婷	宁晓艺	刘朵朵	刘玫苑	刘昱昕	刘　洋
	孙　萌	李才艳	李泳志	李　静	杨庆华	吴　航
	张一凡	陈文静	苗　荣	范清涵	赵雅琦	郭凯玲
	崔媛媛	董乃舟	焦丽娜	薄雨昕	魏华宇	

在路上

——第二十一届研究生支教团成员支教宣言

吴航:爱你所爱,行你所行,听从你心,无问西东。

刘朵朵:在试练的终点是花开万里。

宁晓艺:跨过岁月的栅栏,向远方跑去。

苗荣:勇于担当,不负一年时光与期望。

李才艳:每个孩子都应该被宠爱,他们是我们的未来!

陈文静:素履之往,独行愿也。心地光明,才华蕴藏。

刘玫苑:愿用心守护,静待花开。

刘洋:爱吾所爱,爱吾所得,所得所有,所爱所在。

孙萌:用最初的心,做永久的事。

王子煜:不道苦楚,莫问前程。

焦丽娜:磨砺青春,砥砺前行,放飞理想,筑梦未来。

崔媛媛:用最纯粹的态度,教书育人。

杨庆华:我是从山区走出来的孩子,希望能够以我微薄之力,回报曾经生我、养我、助我的山区;用一年不长的时间,尽我所能,做一件平凡却又终身难忘的事情。

郭凯玲:把每一件简单的事情做好就是不简单,把每一件平凡的事情做好就是不平凡。

王修宇:靡不有初,鲜克有终。

李泳志:情暖异乡,不负你我时光。

王冠杰:愿以微薄之力,守护孩子们心田的百合花。

张一凡:站一方讲台,得初心不悔。

范清涵:热衷奉献的情怀,温暖一生的故事。

王晓嵩:I will be kind to the weak. I will be brave against the strong.

王婷婷:力学笃行,行必致远。

薄雨昕:饮冰十年,难凉热血。春风化雨,润物无声。

魏华宇:趁年轻去做想做的事。

董乃舟:廿二芳华赋何处,愿化春风度玉门。
赵雅琦:以梦为马,不负韶华。
马孔融:我愿是你黑暗时的月亮,点点微光,伴在身旁。
李静:用努力和汗水,谱写无悔的青春。
刘昱昕:青春的意义在于担当和奉献,而我的青春想给你们。
王润治:愿初心不改,愿奉献余生。

大事记

1998年

为响应共青团中央的号召，山东大学于1998年组建了第一届研究生支教团。

1999年

山东大学刘大诚等四名同学作为首届研究生支教团成员奔赴甘肃、青海等地开展志愿支教服务，拉开了山东大学研究生支教团志愿服务的帷幕。

2000年

山东大学第二届研究生支教团来到山西灵丘开展志愿支教服务，成了这片黄土地上志愿支教服务的拓荒者。

2004年

山东大学研究生支教团回访上寨中学，捐赠图书408册，由此逐步发展成为“薪书计划”品牌项目。

2005年

山东大学研究生支教团荣获“2005年度山东大学新闻人物群体”。

2012年

山东大学研究生支教团获得“第九届中国青年志愿者优秀组织奖”等荣誉称号；

山东大学研究生支教团创作了团歌《希望之声》，抒发了西部情怀。

2013年

山东大学第十五届研究生支教团开辟了新疆伊宁服务地；

山东大学第十三届研究生支教团成员彭清萍参加《社区英雄》节目，为“飞翔的梦想课堂”公益项目赢得25万元公益资助。

2014年

开展“乡望课堂”，志愿者利用课余时间以项目接力的形式为服务地其他乡村的小学送去丰富多彩的课程。

2015年

“心巢计划”开始实施，致力于关注支教地孩子心理健康。

2016年

“信疆游——一张明信片的奇幻漂流”活动，搭建起内地学子与边疆孩子书信往来的平台。

2017年

山东大学第十九届研究生支教团开辟了河南确山服务地；

开展“爱的奇遇记”活动，通过班班结对，开拓了鲁新两地小学生的视野；“乡望·向往”计划获2017年阿克苏诺贝尔中国大学生社会公益银奖。

2018年

山东大学研究生支教团获“镜头中最美的支教团”荣誉；

山东大学研究生支教团荣获第四届中国青年志愿服务项目大赛银奖。

后 记

漫漫征途二十载，届届青年同甘苦。时间流转，山东大学研究生支教团已长成一棵枝繁叶茂的大树，成为共青团山东大学委员会的品牌工作。2017年，“乡望·向往”计划荣获阿克苏诺贝尔中国大学生社会公益银奖；2018年，山东大学研究生支教团被评为“镜头中最美支教团”，并荣获第四届中国青年志愿服务项目大赛银奖。

山东大学研究生支教团是山东大学依据《中国青年志愿者扶贫接力计划研究生支教团实施办法》组建的团队。二十年来，山东大学研究生支教团共计272名志愿者，先后前往青海、山西、新疆、河南等地深入开展支教活动。山大研支团始终秉承“传播山大特色文化，践行志愿服务精神”的理念，以“努力让每个孩子都能享有公平而有质量的教育”为宗旨，创新支教地公益项目和形式，完善支教团管理体系。如今，山东大学研究生支教团已建立起新疆伊宁、山西灵丘和河南确山三个固定服务地。

为了记录山东大学研究生支教团二十年的发展历程，纪念这意义非凡的一年，也为了更好地唤起研支团成员们志愿服务的认同感，我们在本书中揭开时间幕布，从源头开始讲述研支团的故事。从最初成立到发展壮大，这些真实经历展现了成员们的支教体验和志愿服务精神，令人感动。

全书在学校党政部门领导下，由共青团山东大学委员会组织编纂，二十一届研究生支教团全员参与。

在本书付梓之际，我们衷心感谢团中央、教育部、省委、省政府一直以来的关注与支持；衷心感谢团省委、教育厅、学校党政部门的重视与指导；衷心感谢学校机关学院，服务地党委、政府、学校的协助与关心；感谢历届研支团成员们的配合与付出；感谢山大附中为研支团提供培训、实习的机会。

二十年，是总结，也是展望。我们要始终怀着教书育人的初心，积极传承志愿服务精神，不断创新、砥砺前行，将山东大学研究生支教团发展成为更有活力、更具魅力的组织，把爱和温暖注入孩子们的心中，为祖国西部发展贡献青春力量。

编　者

2018年12月